JN437991

조롱박꽃 핀 동문매반가

조선실학의 집대성지인 강진에 이 시집을 바친다.

사의재

조롱박꽃 핀 동문매반가

김재석 시집

문학들

시인의 말

다산 탄생 250 주년을 기념하는 시조집『다산』출간을 앞두고 임진년의 첫 주말에 동문매반가, 다산초당, 백련사 그리고 고사골을 다녀와 이 글을 쓴다.

지난 삼십 년의 교직 생활을 접으려고 마음먹은 나는 고향 어딘가에 거처를 마련해야겠다는 생각을 하고 있었다. 어디에 둥지를 틀 것인가 고민하는 동안에 뜬금없이 시가 떼거리로 찾아왔다. 내 시의 자궁인 강진의 山河에 바친『강진』이라는 시집을 낳은 지 얼마나 됐다고 강진의 산하가 또 나를 가만두지 않는단 말인가.

이 시집의 차례는 강진의 산하를 읍면 단위 가나다순으로 하였다. 단 한 편도 강진 아닌 것이 없다. 내가 태어난 강진의 산하, 풍경 하나 하나에 대한 기억들을 시로 구워낸 것이다. 이 많은 시들을 다 시집에 담을 것이 아니라 선별해야 하지 않을까 하는 생각도 들었다. 하지만 잘나고 못나고를 떠나 다 이 시집에 실었다. 잘난 놈만 이 세상에 남는다면 나는 이 지상에 없다는 생각에서였다.

제목을『조롱박꽃 핀 동문매반가』로 한 것은 동문매반가가 사의재를 입양하였기 때문이다. 조선실학의 집대성지인 강진의 다산초당이 실학의 대들보라면 동문매반가는 주춧돌이다. 주춧돌이 없으면 대들보도 없으니 동문매반가가 있기에 다산초당이 있는 것이다. 나이 든 주모의 국밥 한 그릇이 백성들의 쓸쓸함을 달래주고 일사이적의 슬픔에 가위 눌린 비운의 조선 사나이를 일으켜 세운 것이다.

다산초당에 이르는 길은 귤동 마을에 눈도장 찍고 가는 길, 백련사에 눈도장 찍고 가는 길, 그리고 오늘 내가 다녀온 고사골에 눈도장 찍고 가는 길이 있다. 앞서 두 길보다 마지막 고사골에서 가는 길이 비장미가 훨씬 더 있다. 사대에 걸쳐 순교한 조선 최초의 세례자 이승훈의 장남 백홍 이택규를 받아준 곳이 고사골이다. 백홍은 오늘 내가 다녀온 길로 삼촌이 계시는 다산초당을 오르내린 것이다. 진즉 이 길을 알았더라면 슬픔 많은 나는 슬픔을 덜어내려 다른 두 길보다 이 길을 택하였을 것이다.(고사골과 백홍 이택규의 관계는 추정일 뿐 확실한 자료는 아직 발견되지 않고 있다.)

이 글을 쓰는 동인 지난 삼십 년의 교직생활을 접으려고 마음먹은 때에 찾아온 고향의 산하에 대한 시들이 내 생각이 틀리지 않다며 나를 위로해 주고 있다. 『내 마음의 적소, 동암』, 『백련사 앞마당의 백일홍을』, 『강진』, 『다산』 그리고 『만경루에 기대어』에 이어 『조롱박꽃 핀 동문매반가』를 조선실학의 집대성지인 강진에 바친다.

2012년 1월

김 재 석

차례

제3부 마량면, 병영면, 성전면

제4부 신전면, 옴천면, 작천면, 칠량면

제5부 미망 및 웃음엣소리

제1부

강진읍

강진시문학파기념관

와우臥牛

– 금사봉의 눈빛 전언

엎드려
하루를 되새김질하는
건장한
저 소가 강진이지

우두봉이 머리이고
성곽읍터가 얼굴이고
군청앞 우물이 콧구멍이고
군청사가 콧등이여

엎드려
무언가 궁리를 하는
눈빛 선한
저 소가 강진이지

서문 공동샘이 오른쪽 눈이고
동문 공동샘이 왼쪽 눈이고
시끝이 혀끝이고
귀밑재가 황소 귀 바로 밑이고

하이변이 소귀 아래 마을이여

엎드려
하루를 마무리하는
이목구비 반듯한
저 소가 강진이지

초동이 소의 먹이터이고
구싯골이 소먹이통이고
논치가 노우치勞牛峙이고
시웃재가 휴우치休牛峙이고
가우도가 소멍에여

참,
하마터면 빠뜨릴 뻔하다니
강진도서관 연못이
코뚜레여

* 이 시집에 나오는 풍수 및 설화는 강진문화원에서 발행한 『강진의 설화』를 참조하였다.

조롱박꽃 핀 동문매반가

사의재를 입양한
당차디당찬 동문매반가에
조롱박꽃이 먼 길을 찾아왔다

하늘과 땅에게
길을 묻고 물은 뿌리가
줄기를 지나고 지나
허공에 꽃을 내밀었다

인의예지의 시대에 뿌리가 뽑혀 내던져진
비운의 조선 사나이에게
다시 뿌리를 내리게 한
동문매반가에
조롱박꽃이 먼 길을 찾아왔다

시대를 조롱하듯
어둠의 한가운데에서
보란 듯이 조롱박꽃이 가슴을 펴니

주위가 환해진다

* 동문매반가(東門賣飯家) : 다산 정약용이 유배와 처음 거처하였던 주막집이다. 다산에게 방 한 칸을 주어 그곳에서 생활하며 아이들을 가르치게 하였다.

눈 내리는 동문매반가

선달에 얼굴 내민 동백꽃 보고
가까스로 마음의 위안을 찾은
사의재를 거느린
동문매반가에 눈이 내린다

입을 굳게 다문 눈발 속에
열수의 읍중제생인
황상, 황경, 이학래가 보이고
황지초, 손병조, 김재정도 보인다

모락모락 김이 나는 밥 한 그릇에
뜨끈뜨끈한 국물 한 그릇으로
백성들의 쓸쓸함을 물리쳐 준
동문매반가

아학편兒學編을 마친
열수의 읍중제생들이
사서를 읽을 수 있게 된 것을

기념하듯

이제 다시
초심으로 돌아가는 읍중제생들에게
한지 몇 묶음 선물하듯
동문매반가에 눈이 내린다

* 열수(洌水) : 정약용의 호 중의 하나이다. 열수는 한강의 옛이름이다.

옛 말집을 지나며

말 못할 일을 저지르고 다녔지

모래를
한 주먹 쥔

개념 없는
유년이

말 못할 일을 저지르고 다녔지

새치를
놓으려

말총을
도둑질한

가책 없는
유년이

영랑생가 직박구리

동백꽃이 배가 부른 때에
들르면
'동백잎에 빛나는 마음' 을
낭송해야

모란꽃이 배부른 때에
들르면
'모란이 피기까지' 를
낭송해야

감잎에 골이 붉은 때에
들르면
'오매, 단풍 들겄네' 를
낭송해야

한 구절도
안 빠뜨리고
한 구절도
안 틀리고

눈 내리는 금서당琴書堂

아침마다 해를 낳는 금사봉과
죽섬을 낳은 구강포를
한눈에 바라보는 금서당에
눈발이 먼 길을 찾아왔다

반신불수인 금서당을 수리하여
강진을 캔버스에 담은
빈 배인 완향 화백 가신 뒤에
의기소침해진 금서당

완향의 손길인 듯
완향의 숨결인 듯
금서당의 구석구석까지
눈발이 가만두지를 않는다

안으로 들어가지 못하고
창에 달라붙은 채
어쩔 줄 몰라 하는 저 눈발은

빈 배인 완향 화백의 몸짓이다

* 금서당(琴書堂) : 강진에 최초로 세워진 보통학교이다. 나중에 김영렬 화백의 사저 겸 화실이 되었다.

* 완향 : 김영렬 화백의 호이다.

현구생가

영랑생가는
모란이 피기까지를
돌담에 속삭이는 햇살같이를
낳았는데

현구생가는
무얼 낳았나

영랑생가는
오매 단풍 들겄네를
동백잎에 빛나는 마음을
낳았는데

현구생가는
무얼 낳았나

현구생가는
검정비들기란 시집의

현구를
낳았지

* 영랑은 출생지와 성장한 곳이 같으나 현구는 출생지와 성장한 곳이 다르다.

현구의 옛집

울엄니 당고모 아들
재섭이 삼촌이 살고 있는 이 집이
현구의 옛집이라니
반갑고 반가워야

그 옛날 이 집에서
순수서정이란 이름표를 단
언어의 연금술사가
언어를 갈고 닦았지

임이여 강물이 퍼렇습니다를
무상을 황혼을
검정비둘기를 낳은 곳이
이곳이라니

울엄니 당고모 아들
재섭이 삼촌이
기울어가는 현구의 옛집을
이렇게 세워 놓았어야

안대를 한 우물

– 탑동샘

예나 지금이나 입춘대길立春大吉인
옛날 스피커 집 앞,
언제부턴가 우물이 안대를 하고 있다
애꾸눈 우물이 안대를 한 것이
눈병이 난 건지
아니면 세상에 등을 돌린 건지
안대를 벗을 생각을 하지 않고 있다
자고 나면 산모의 젖가슴인 이 우물에서
해와 달, 별들도 갈증을 풀었다
귀때기에 피가 삿 바른 중학시절
물동이인 엄니와
이 우물에서 임무교대를 한 내가
비틀거리는 세상
물지게로 균형을 잡았다
판도라의 상자인 이 우물의
안대를 벗길까 말까
망설이는 지금,
나를 이만큼 키운 것은
팔할이 이 우물이었다는 생각!

붉은 벽돌담 집

– 김충식의 집

붉은 벽돌담이 포위를 하고 있는 건지
붉은 벽돌담이 수비를 하고 있는 건지
인공 때 화를 당한 붉은 벽돌담 집은
자기 땅만 밟고도
서울까지 갈 수 있었다지
그 말이 진짜인지 가짜인지 확인하려
계산기 들이대겠다고,
그만큼 부자라는 말이지
중국 영화에 자주 등장하는
붉은 벽돌담 집을
그것도 안채를 가리는
가림막까지 있는
붉은 벽돌담 집을 강진이 낳다니
중국인 기술자들을 불러들여
저 붉은 벽돌담 집을 낳은 것을
저 붉은 벽돌담 집의
생애사를 쓰고 싶은데
내가 아는 것은

강진농고를 설립했다는 정도이니
인공 때 붙들려서도
내 목숨을 앗아가면 한 푼도 건질 수 없다고
당당하게 말했다는 정도이니
추억을 되새김질하고 있는
붉은 벽돌담의 눈빛 전언을
알아들을 수 있다면
받아 적기만 하면 될 텐데

그리운 강진약국

연암 박지원의 사랑에 드나든
홍대용, 이덕무, 박제가, 유득공은
북학파라 불리는데
황호신 장로님댁,
강진약국에 드나든 젊은이들은
무어라 불려야 하나
뭐 어렵게 생각할 필요 없이
강진학파라고 부르지
그럼 강진의 연암이 황호신 장로님이고
강진의 규장각 검서관들은
김병균 목사님, 장광선 형, 김선태 도서관장
김광국 강진 부읍장이지
평교사인 나는 이 축에 끼기가 힘이 드나
몇 분은 이덕무, 박제가, 유득공에게
견주어도 안 뒤지지
황장로님에게 굿 뉴스 포 모던 맨
영문성경책 선물 받아
영어의 달인이 된 김병균 목사님,

미국 뉴욕의 자랑스러운
한국인 장광선 형,
공무원 노조 위원장 역임한
도서관장 김선태 형,
뒤늦게 하나님에게 올인하는
강진 부읍장 김광국
뭔가를 위해 청춘을 불사른 사람들이지
황장로님 정신의 뿌리는
성경, 씨알의 소리, 현존이지만
육신의 뿌리는
다산의 읍중제자 황지초黃之楚이지
세상이 바뀌어
연암의 손자인 박규수의 집에
김옥균, 박영효, 홍영식이 드나들듯
강진약국 대를 이은 강진의원에
누가 드나드나

은행나무 아래서

– 영랑생가

연금술사인
은행나무는 가지마다 애써 낳은
황금잎을
지상에 내려놓는데

황금을 돌 같이 여기지 않는,
황금을 황금 같이
황금을 목숨 같이 여기는 사람들은
서풍에
서풍에
휩쓸려 갔었지

인생 역전을 꿈꾸는
골드 러쉬는
클레멘타인을 낳고

클레멘타인은
내 작은 가슴에서

울먹이고

골드 러쉬는
찰리 채플린을 낳고

구두를 삶아 먹은
찰리 채플린이
누군가에게 닭으로 보이고

연금술사인
은행나무는 가지마다 애써 낳은
황금잎을
지상에 내려놓는데

벽시계

– 마당 좁은 집

밤늦게 상갓집에 다녀와
속신에 고삐 매인
노모의 말 몇 마디에 등 돌린 나를
꾸짖는다

구덩이 파는 것 들여다보지 마라,
다 나를 위한 말인 것을
그런 소리한다고 말대꾸한 나를
꾸짖는다

가위눌린 노모의 잠꼬대에
그냥 알았다고 대답할 것을
왜 대들었을까,
자책하는 밤

이제까지 묵묵히 들어온 대로
그냥 알았다 대답할 일이지,
왜 노모의 속을 뒤집느냐고

꾸짖는다

방문을 기웃거리는 바람이
마당을 기웃거리는 달빛이, 별빛이
무슨 일인가 엿들을까 봐
가슴 조이는 밤

속신에 덜미 잡힌
노모의 말 몇 마디에 말대꾸하고
엎치락뒤치락하는 나를
꾸짖는다

버버리깎음

버버리깎음보다 입이 무겁다 하면
어폐가 있지

귀가 안 들리니
말을 할 수가 없지

버버리깎음에서 코 닿는 곳에
시끄테 있지

시끄테는
어른들이 유희를 즐기는 술집이 있었지

아이들 멱 감으러 가다
서로 치근덕거리는 것 다 보았지

이따금 버버리깎음에 술판 벌리고
이상한 짓 다 했지

입이 무거운 버버리깎음이 다 보고도
말 못했지

배들이 가는 옛길

고향은
눈 감아야 더 잘 보이지

소나무가 에스라인을 뽐내는
터미널 로터리에서
서쪽으로 쭉 가야하지
바로 코 닿는 곳에
강진중앙초등학교가 얼굴 내밀지
강진중앙초등학교에서 옛추억을 되씹다가
다시 발길을 재촉하면
영당 삼거리가 우릴 기다리지
그대로 가면 배들이 가는 길이요
몸을 우로 꺾으면 버버리깎음에
시끄테 가는 길인데
영당 삼거리에 제재소도 있고
방앗간도 있었지
잠시 가게에 한눈팔다가
발걸음 재촉하면

왼쪽에 물레방앗간이 얼굴 내밀고
오른쪽에 도살창이 얼굴 내밀지
아직도 물레방아 도는 사연을
나는 모르고 있는데
방아 찧는 재미 아니었겠나
도살창 옆 냇가에 핏물 맛들인
퉁퉁 살찐 피라미들
냇가를 오르내리고 있었지
그 근처 쌍주네 집 논,
영주네 집 논 말없이 앉아 있는 곳에서
조금만 더 가면
눈앞에 보이는 다리가
바로 배들이지

눈 감아야
더 잘 보이는 곳이 고향이지

플라타너스의 꽃

한때
내가 눈독들인 여자애들의 가슴을
다 내려다보았을,
지금도 여전히 그 짓을 즐기고 있을
성요셉여고 플라타너스가
그것도 오직 한 그루가
노란 꽃을 피웠다는 소식
철부지 아이들 시켜 방울로
머리 때리기를 즐기던
플라타너스가 꽃을 피우다니
플라타너스 잎을 빼박은
백합나무에 핀 하얀 꽃을 바라보며
플라타너스가 꽃을 피웠다고
다들 입이 벌어질 때도 난 노코멘트
어른이 되어서도 내 마음의 발걸음을
기우뚱거리게 하던 성요셉여고
플라타너스, 그 중에 한 그루가
진짜로 노란 꽃을 피워 버린 것을

'하느님과 나라를 위하여' 를 가슴에 새긴
그 옛날 영세명이 토마스 아퀴나스인
메리 아그네스 수녀님을 교장으로 모신 적이 있는
남학생들이 에브리맨스와 놀 때
탐앤 주디와 놀던
씨튼 까리따스 수녀님들을 이따금 조달하던
성요셉여고 플라타너스가
노란 꽃을 팍팍 피워 버렸다는데
어찌 가만히 있을 수 있겠는가
꽃들이 떠나기 전에
마음의 교복 꺼내 다려 입고
어서 빨리 가서 만나야지,
내 두 눈으로 확인하기 전에는
믿을 수 없으니

* 나중에 확인해 본 결과 꽃을 피운 나무는 백합나무였다.

봄날은 간다

– 부주산 화장터에서

덕동에서
백련사 가는 길에
꽃나무와 들꽃들 안부를 전해주던
벗을 하늘에 빼앗겼다

이제 지상의 누가
웅성거리는 갈대들과
강진만 고니 떼에게
내 안부를 전해 줄까

유골 단지를 보듬고
장지로 떠나는
가족들과 헤어지는 날 내려다보는
봄 하늘

자전거를 타고
하늘 들판을 달리는
벗의 봄날이

아련하다

* 시작노트 : 어버이날 카네이션 대신에 조기를 차고 장례식 내내 수고를 아끼지 않은 '한우리' 회원님들께 하늘로 간 내 친구 경조를 대신하여 고개 숙여 감사드린다.

흰 옷 입은 산석山石, 황상

북산 돌담 지나 보은산방 가는 길에
흰 옷 입은 산석이 하나 있지
오며가며 그 산석과 눈 마주치다 보면
삼근계 가슴에 새긴
치원 황상이 생각나지
정약용이 다산이기 전에
열수이었듯이
다산의 읍중 제자 1호인 황상은
치원이기 전에 산석이었지
흰 옷 입은 산석은 산돌이라
시간이 흐르면 커진다 했지
스스로를 감추고
스스로를 무겁게 하는 산석이
자라는 모습이 눈에 띌 리가 있나
지금은 사람들이 마음껏 지나다니도록
제 몸의 일부를 내어준
그 산석과 마주치다 보면
일속산방 유인幽人으로 청복을 누린

치원 황상이 떠오르지
일속산방도로, 노규황량사로,
치원유고로, 정황계첩으로
우리 앞에 다가선
산석, 치원 황상이 있었기에
해배된 다산은
강진이 그리웠던 거지
아예 몸을 감춰버린
일속산방 찾기가 쉽지 않으니
보은산방 가는 길에
흰 옷 입은 산석이라도
만나야지

고성골방죽 갈대

고성골방죽 갈대들은
돈오한 게 틀림없지
고성사에 흘러내려온 물의 법문으로
영육의 양식을 삼으니
이보다 더 좋을 수가
물의 법문들이 함께 모인
장경각이 고성골방죽인데
아예 장경각에 똬리를 틀었으니
세상에 부러울 게 하나 없지
낮에는 해가 밤에는 달과 뭇별들이
제 얼굴들을 들여다보며
마음을 추스르다가 돌아가는
고성골방죽에 갈대들은
도솔천 내원궁이 안 부럽지
하지만 안주하지 않고
어딘가에 다녀오는
갈대들의 영혼들에 의해
흔들리는 몸을 한 번 봐!

거리낄 게 하나 없는
고성골방죽 갈대들은
득도한 게 틀림없지

두 개의 신발

1

고성사 보은산방 댓돌에
흰고무신 한 컬레

코를 쿵쿵거리는
달빛

스님이
방에서 코를 고니

대웅보전
부처님, 잠 못 이뤄야

2

고성골 방죽가에
신발 한 컬레

달빛은
신발 주인 찾느라

문고리 없는
물의 방

밤새
뒤지고 다니고

보은산 소쩍새

지명과 이순 사이,
보은산방에 잠시 똬리 튼 나에게
다산을 따라잡을 생각 마라고
소쩍새가 날 꾸짖는다
다산의 발뒤꿈치라도 쫓아가려면
일사이적에 버금가는 슬픔이라도 겪어야지
아무런 대가 없이
경학의 바다인 다산에 이를 수 없단다
사의재, 보은산방, 이학래가
제대로 섭렵하지 않고
다산에 이르는 길에
무임승차 할 생각을 아예 마라며
어디 가서
무얼 안다고 시건방 떨지 마란다
나보다 아직 당당 멀었다며
보은산방에서 한 삼년
한 다발의 슬픔이나 절망에
덜미 잡혀 본 뒤에

다산에 가까스로 다다를 생각을 하란다
맨날 솥적솥적, 솥 작다고
불평만 늘어놓은 줄 알았더니
저놈의 소쩍새가
한밤중까지 날 교육시키느라
저도 잠 못 이룬다

내 마음의 적소, 보은산방

몇 날을 매달려야
보은산방이 날 마다하지 않을까

곰팡내 나는 시간의 빗장을 열고
이백 년을 더 거슬러 올라가니
일사이적에 한이 맺힌
초췌한 모습의 보은산방이
고성사에 똬리 틀고 있잖은가

풀리지 않는 시詩에 마음이 무거워진 내가
날 받아달라고
보은산방 앞에 엎드리니
제 몸 하나도 주체하기 어렵다며
날 일으켜 세우지 않는가

실사구시하지도,
이용후생하지도 않은
시 때문에 많이 성가신 내가

보은산방 앞에 다시 엎드리려니
학연과 황상이 나를 만류하지 않는가

학연과 황상의 만류에도
시에 덜미 잡힌 내가
기어이 보은산방 앞에 엎드리니
삶의 난장에서 시는 살찌는 거라며
보은산방이 등을 돌리지 않는가

몇 날을 매달리야
보은산방이 날 기꺼이 받아줄까

* 보은산방 : 다산 정약용이 유배생활 중 살았던 곳 중의 한 곳이다.
* 학연과 황상 : 학연은 다산의 아들이며 황상은 다산의 제자이다.

양무정 소나무들

내 어지럽던 십대 시절의
방황과 고독을
들여다 본 분들이
양무정 소나무들이지

집 나와 갈 데 없는 내가
충혼탑 자갈밭에
양무정 풀밭에 잠을 청하면
다 받아주었지

무던히도 어머니의 속을 썩인 나를
별들과 함께 속속들이 내려다 본
양무정 소나무들,
다시 뵙기가 부끄러웠지

보은산 오르는 길을
양무정 아닌
강남교회를 택한 것도

그런 이유에서지

오늘은 부득이 양무정 길을 오르는데
일제히 나에게 눈인사를 하니
모른 척 눈감아 줄 일이지,
그래야 내가 남세스럽지 않지

눈물 흘리는 장군바위

바위가 눈물 흘린다면
믿을 사람
도대체 몇이나 될까.

강진읍 영파리 팔영 마을 낮바닥에 죽음의 꽃이 피도록 아들을 두지 못한 노파가 있었데. 어느 날 외모가 반듯한 장군이 하늘에서 타고 내려온 마차가 마을 뒤 바위에 내려오는 꿈을 꾸었데. 다음 날 그 바위에 가보았더니 바위에 말발굽과 마차바퀴 자국이 나 있었데. 그 일이 있은 열 달 뒤에 노파는 옥동자를 뽑아냈데. 아이가 태어난 날 마을을 지나던 노승이 이 아이가 범상치 않을 사람이 될 거라고 언질을 주고 떠났데. 아이는 귀 빠진 지 이틀 만에 걷고 병정놀이까지 했데. 노파가 아이를 방에 맡겨두고 들로 나간 틈에 이웃 아낙네가 이상한 소리를 들었데. 문틈의 안내로 방안을 들여다보니 아이가 날아다니므로 아낙은 저도 모르게 "도둑이여" 라고 외쳤데. 이 일이 있은 뒤에 아이는 도둑질을 일 삼았데. 고을의 원님이 이 사실을 알고 마을의 기강을 잡으려 아이의 목숨을 앗아갔데. 그 뒤 하루는 태어난 날 찾아왔던 노승이 다시 찾아와 이 아이의 종적을 묻더니 "방정맞게 여자가 아이를 도둑이라 불러 도둑질을 하다가 죽은 것"이라며 애석해 하고 사라졌데. 그 뒤로 장군의 말발굽과 마차바퀴 자국이 선명한 바위가 눈물을 흘린데.

내 이야기를 듣고도
바위가 눈물 흘리는 것을
믿지 않을 사람
몇이나 될까.

명암鳴岩

울 명鳴,
바위 암岩

바위가
눈물을 흘리는 것이 아니라
바위가 날짐승처럼
소리를 내는 거지

꾀꼬리처럼 꾀꼴꾀꼴 울란가
뻐꾸기처럼 뻐꾹뻐꾹 울란가
소쩍새처럼 소쩍소쩍 울란가

명암이 한 번 울면
인걸이 출현한다고
명암이 울기를
학수고대하고들 있는데

이미 운 것을

눈치 채지 못한 건가

속으로 울면
누구도 듣지 못하지

근데
바위가 웃으면
무엇이 출현하지

* 명암(鳴岩) : 강진읍 송덕리 봉덕 마을 뒤 비래봉에 소재하고 있다. 전하는 바에 의하면 바위가 소리 내어 울어댄다고 한다. 명암이 한 번 울면 강진에 인걸이 출현한다고 하여 이 동네 사람들은 명암이 울기를 학수고대하고 있다.

영당影堂

영당은
그냥 세상에 얼굴 내민 것이 아니지

조선왕조실록에 삼천 번 이상 등장한
우암 송시열이 유배길에
백련사에 들러 강론한 것을 기념한 영정을
백련사에 모신 영당,
신성리가 사우를 짓고 영정을 모셨기에
영당인 것이지

극단의 찬사와
극단의 저주로
한때 금기의 대상이기도 한 우암이
유배당하지 않았더라면
영당은 태어나지 않았을 것이니

영당,
영당이 태어나려고

주자학은 흔들리고
인조반정이 있었고
예송논쟁이 있었고
고산은 밀려날 수밖에 없었지

영당이 태어나려고
조선왕조의 배가
아프고, 아프고 또 아팠지

영당은
그냥 그저 얼굴 내민 것이 아니지

강진중앙초등학교

한 번 찾아뵙고
인사드려야 하는데
그냥 지나치자니
죄송해 죽겠어야

전후에 공부 가르칠라
우리들의 주린 배
바다 건너온 옥수수 가루로
빵 만들어 채워줄라 바쁘셨지

졸업 탈 때
앞에서 끌어주고 뒤에서 밀며
우리나라 짊어지고 나가겠다,
약속했는데

그 약속을
아직까지 지키지 못하니
뭔 낯짝으로

찾아뵌단 말인가

한 번 찾아뵙고
인사드리긴 드려야 하는데
그냥 지나치자니
부담스러워 죽겠어야

북산동굴

달달 무슨 달
쟁반같이 둥근 달,
노래하던 내 유년이
왜 강진에는 남산이 없고
북산인가로 고민이 깊었지
그 북산에 자연산 동굴 아닌
인공산 동굴이 있지
알라딘과 사십 인의 도적의
열려라 참깨를 꿈꾸지 못한 것은
굳게 닫힌 문이 없었기 때문이지
톰 소여와 허클베리 핀을
꿈꾸어도 좋을 이 동굴에서
이제는 아리스토텔레스의 동굴의 비유와
신화 속의 프쉬케를 꿈꾸지
북산 가슴의 인공산 동굴이
일제 때 태어났는지
인공 때 태어났는지
알 수 없으나

북산 동굴 모르는 유년의
강진 아이가 있다면
추억이 없는 아이지

북산역 기차바위

기찻길 옆 오막살이의 아기들이
정말로 잘도 자는지,
그런 걸 확인할 필요가 없는
북산역 기차바위는 고장 안 나고
지금도 잘 달리고 있을라나
보따리인 사람들 싣고
우두봉 넘고 월출산 넘어
영산포역까지만 가면 되는데
엉뚱하게 학교 안 가고
샛길로 빠진 아이들 싣고
오르락내리락은 하지 않는지
내가 승무원이라면
그런 놈들 다 잡아 학교로 돌려보낼 텐데
출가 아닌 가출을 한
뼈아픈 추억이 있는
나의 말을 아이들이 듣지 않으면
머리채를 잡아 돌려보낼 텐데
세월이 너무 많이 흘러

북산역장도 수차례 바뀌고
고속 열차 KT가 등장하였으니
기차바위가 살아남아 있을라나
아니면 진즉 은퇴하여
옛 추억을
되새김질하고 있을라나

비둘기바위

지금도
그 자리에 그대로 서 있을까

금방 날아갈 듯
양 날개를 펴고 있었지

비둘기바위에 오른 내 유년의 영혼이
강진의 산하를
마음껏 날아다녔는데

강진이 위급할 때는
언제든 전서구의 사명을 다할
비둘기바위는
그 옛날 그 자리에 서 있을까

강진이 시키지 않아도
강진에 올리브 잎새를 가져다 줄
비둘기바위는

지금도 그 자리에 서 있겠지

* 이 시를 쓴 뒤에 북산에 가보니 기차바위는 그대로이나 비둘기바위는 구암정(鳩巖亭)으로 바뀌어 있었다.

강진시문학파기념관

아홉 강물이 의기투합하여
구강포를 낳듯이
아홉 시인이 의기투합하여
강진시문학파기념관을 낳았지
구강포 앞바다는
죽도, 가우도, 비래도를 낳고
까막섬, 고금도마저 낳았는데
강진시문학파기념관은 무얼 낳을지
김영랑, 김현구, 박용철, 변영로,
신석정, 이하윤, 정인보, 정지용, 허보
순수서정이라는 이름표를
가슴에 단 시문학파가 입성한
강진시문학파기념관은 언어의 성채이지
시문학파가 언어의 연금술로 낳은
순금의 언어들을
한 자리에 모아 놓은 것을
언어의 연금술을 꿈꾸는 자들도
언어의 연금술을 꿈꾸지 않는 자들도

이제 마음껏 접할 수 있도록
마음의 문을 열어 놓은 것을
아홉 강물이 어깨동무하여
구강포를 낳듯이
아홉 시인이 어깨동무하여
강진시문학파기념관을 낳았지

강진향교

엎드린 소인 강진의 모든 인의예지는
강진향교에서 걸어 나오고
강진향교로 걸어 들어가지
내삼문, 외삼문의 보안 검열을 받고
걸어 나오고
외삼문, 내삼문의 보안 검열을 받고
걸어 들어가지
대성전에 명륜당에
똬리를 틀었다 풀었다 하시는
인의예지는
눈에 보이지 않는
보디가드들이
그림자처럼 붙어 다니지
인의예지는
따로 다니지 않고
언제나 함께 다니지
강진향교에서 걸어 나와
강진향교로 걸어 들어가는

엎드린 소인 강진의 모든 인의예지는
천리만리, 구만리 하늘까지
머나먼 길을 다녀오지

강진남강사주자갈필목판일괄

세상의 하고많은 포구 다 놔두고
성자포에 떠밀려온 궤 속에
멀미 한 번 않고 누워 있었다지

주자경제잠목판 20매와
대우수전 8매가 무슨 말을 전하려고
내 앞에 얼굴 내밀어도
난 청맹과니인 걸

알아볼 수 있는
전각 4판에 비례부동사무사非禮不動思無邪가
내 눈길을 끄는 것은
내가 언어의 연금술을 꿈꾼 때문이지

非禮不動思無邪 일곱 글자가
명나라 영종의 글씨이든
명나라 의종의 글씨이든
편안한 나루인 강진을 알아본 거지

하고많은 세상의 포구 다 놔두고
성자포에 떠밀려온 궤 속에
멀미 한 번 않고 누워 있었다지

* 성자포 : 남당포
* 강진남강사주자갈필목판일괄(康津南康祠朱子葛筆木版一括)

내 마음의 모과나무

– 강진읍교회

지나가다 눈이 마주치면
수고하고 무거운 짐 진 자들아
다 내게로 오라는
주님의 말씀으로 눈인사를 하지

사순절에 만난
저 모과나무의 몸뚱이는 수난이요
만개한 꽃은 부활이지,
가을날 금빛 열매는 영생이라

교회 종탑의 종소리에서
'저 높은 곳을 향하여' 의
차임벨을 거쳐 오늘에 이르기까지
교회의 산증인이 저 모과나무이지

주님의 말씀을 양식 삼는
저 모과나무를
내 마음의 빈자리에 옮겨 심어야지,
부활과 영생이 함께하도록

제2부

군동면, 대구면, 도암면

백련사 동백림

탐진강

보리피리 불던 아이들은 다 어디 갔나
물수제비뜨던 아이들은 다 어디 갔나
내 눈빛 전언에도
못 본 척, 못 들은 척

소 뜯기던 아이들은 다 어디 갔나
외밭에 서리하던 아이들은 다 어디 갔나
내 눈빛 전언에도
못 본 척, 못 들은 척

쥐불놀이하던 아이들은 다 어디 갔나
자치기하던 아이들은 다 어디 갔나
내 눈빛 전언에도
못 본 척, 못 들은 척

대답을 못 듣고
돌아서는 나의 뒤통수를 향하여
너는 어디 갔다
이제 왔느냐

옛 석교다리

탐진강이 배가 불러지면
얼굴을 숨기고
탐진강이 배가 홀쭉해지면
얼굴을 드러냈지

보리피리 부는 아이들 불러낸
벚꽃 만개한 강변,
소 울음소리 듣고 자란
자운영 꽃들과 눈 마주쳤지

모천 회귀하는
은어, 연어 힘들지 않도록
잠시 숨 돌릴 수 있도록
쉼터가 되었지

강진 제 1잠수교,
다슬기들의 낙원인
옛 석교 다리
지금도 잘 있는지 몰라

백금포白金浦

강진만에
진군한 바닷물이

강물을
달래고, 달래더니

내가 보는
앞에서

정신없이
몸 섞는 것을

강물의
신음소리가

석교 너머까지
다녀오더니

배가 부른
강물이

어느새
강마을을 낳는 것을

왕겨
휘날리는

저주 받은 굴레바위

논 가운데 바위가 둥지 튼 것도
다 이유가 있는 것을
그대로 놔 둘 일이지.

군동면 쌍덕리는 평덕과 관덕, 이란성 쌍둥이 마을이지. 평덕 마을 앞 논 가운데 굴레바위란 두 개의 바위가 서로 마주 보고 있지. 두 바위가 원래 한 몸이었는데 두 몸으로 나누어진 사연이 있지. 옛날 이 마을에 김인선이라는 이목구비가 반듯한 소년이 살고 있었데. 매일 아침 내川가 멀리 떨어진 읍내서당에 글공부하러 다니게 건너다 주었데. 소년의 가슴에 봄빛이 어지럽던 어느 날 묘령의 처녀와 눈이 맞았데. 처녀가 처음에는 눈길만 뺏어갔지만 나중에는 별 것을 다 뺏어갔데. 소년은 시름시름 여위어 갔데. 예사롭지 않게 여긴 서당훈장이 그 이유를 캐물었데. 서당훈장의 인자함에 이끌린 소년이 다 털어놓았데. 상황이 급박함을 간파한 서당훈장이 비방전을 내놓았데.

"오늘도 처녀가 입을 맞추거든 처녀의 혀끝에 구슬이 네 입에 들어왔을 때 재빨리 입을 떼버리고 신짝을 벗어서 처녀의 뒤통수를 사정없이 쳐라."

집에 가는 도중에 처녀를 만나 가슴이 콩알만 해진 소년은 서당 훈장의 비방을 실천해 옮겼데. 그렇게 아리땁던 처녀가 쓰러지더니 백여우로 변했데. 그 모습이 소년의 정신을 잠시 앗아갔데. 다음 날 소년을 만난 훈장이 구슬을 보고자 했으나 소년은 처녀가 백여우로 변할 때 놀라 구슬을 삼켰데. 훈장은 애석해하며 소년에게 몇 마디 말을 뱉었데.

"그 구슬이야말로 신기이다. 그 구슬을 소유하면 세상의 이치를 훤히 알 수 있다. 네가 그 구슬을 삼켰으니 너는 필시 유명한 지관이 될 것이다."

서당훈장의 말대로 소년은 훌륭한 지관이 되었데. 아버지가 돌아가시자 아버지를 앉힐 명당을 찾아 구덩이를 팠데. 다음 날 그 자리에 가 보니 구덩이에 초대하지 않은 물이 고여 있었데. 어쩔 수 없이 다른 곳을 찾아 아버지를 앉혔데.

한편 인선에게는 모某씨 집안으로 출가한 누이동생이 있었데. 장례를 마치자 들꽃 같은 누이동생이 어려운 부탁을 하였데. 가세가 기울어 묘자리를 구하지 못하니 처음 아버지를 모시려던 자리에 시아버지를 모시게 해달라고. 인선은 누이동생의 부탁을 흔쾌히 받아드렸데. 실은 누이동생이 이곳이 명당인줄 알고 자신의 시부모를 앉히려고 물을 갖다 부었데. 이곳의 물을 퍼내고 시아버지를 모신 모씨 집안은 모든 게 그 뒤 잘 풀렸데. 그래서 출가외인이나.

그 후 무슨 일이나 잘 풀린 누이동생네 집에 하루는 탁발승이 시주를 청했데. 하지만 시주는커녕 심청 사나운 누이동생이 박대하자 탁발승이 혼자 중얼거리며 떠났데.

"저 묘가 누구의 묘인지 모르지만 묘 앞의 저 바위를 깨뜨려 없앴더라면 더 큰 부자가 될 터인데 참 아깝구나."

그 탁발승의 말에 인선의 동생은 즉시 사람들을 데리고 가서 소구유처럼 생긴 바위를 손보게 했데. 손본 바위가 둘로 나누어지자 그 속에 은신한 파랑새 한 쌍이 날아올라 마을을 돌더니 그다지 멀지 않은 연방죽에 빠져 죽었데.

이 일이 있은 뒤에 그 집안은 전보다 더 기울었는데 탁발승이 심보가 사나운 그 여인을 응징한 거지. 그 뒤 집안의 후손들이 그 바위를 세멘으로 복원했다는데……

논 가운데 바위가 쪼리 튼 것도
다 이유가 있는 것을,
귀들이 얇아 갖고.

풍수도 못 말려

운동 중에서 가장 센 운동이
새마을 운동이지,
서낭당도 잡아먹었으니

탐진강을 사이에 두고
두 라이벌인
안풍과 대곡이라는 마을이 있지

금강리 안풍은
비파산의 동쪽 줄기가
뒷산을 이루고 있는데
쥐의 형국이고

대곡 뒤에 있는
묘암산은
이름 그대로
고양이 형국이지

대곡 사람들이
대낮에 돌다리를 놓으면
그날 밤에 안풍 사람들이
돌다리를 걷어갔다지

마을로 들어오는 길도
구부러지게 하여
고양이가 쏜살같이
달리지 못하게 하였다지

지금은
새마을 운동으로
안풍과 대곡 사이를 오고가는
견고한 다리가 생겼다지

운동 중에서 가장 센 운동이
새마을 운동이지,
풍수도 못 말리니

금곡사金谷寺 삼층석탑

기억력 하나 끝내주더라
본인도 기억 못한 것을
기억해 내 들려주는 것을 보면
벌써 수십 년이 지난 일을
강진 중학교 다닐 때
벚나무가 축포를 터트린
봄날, 소풍을 갔었는데
맨 먼저 인사드리느라 고개가 빠진
암벽 높은 곳의 불상 한참 아래
자신의 운명에 시비 건
김삿갓의 시비에 한눈팔다
들어선 나를 금방 알아보더라
머리만 희끗희끗하지
옛날 그대로라고
자신을 배경으로 사진 찍은 거
기억 안 나냐고 다그치더라
추억의 앨범을 방치한 내가
대웅보전 십우도 소년 만나고 오니

금곡사 약수와 김옥추 소년
그리고 빈댓들 이야기 들려주더라
벌컥벌컥 금곡사 약수 한 잔에
기운을 차린 내 발길이 돌아서는데
돌아가는 길에
추억의 앨범을 꼭 펼쳐보라더라

그리운 연화동蓮花洞

물때란 것을
내게 처음 가르친 곳이지

목리 다리 지나
대부뚝에 붙들린 뻐사리들 피해 가면
두부다리가 하루에 두 차례
얼굴을 내밀었다 숨겼다 했지

동산이 꽃봉오리라면
사람들이 사는 집들이
꽃잎인 곳, 늙은 감나무와 함께
외할머니가 나를 기다리고 있었지

외사촌 형들이 읍에서 왔다고
나를 이야기하면
자치기에 눠가 난 아이들이
신기한 눈으로 나를 쳐다보았지

호롱불이

밤늦도록 옛이야기 들려주면
방 한 귀퉁이에 고구마도
귀를 곤두세웠지

외숙모의 손맛이 담긴
살얼음 낀 동치미,
집에 가고 싶은 생각을
잊게 했지

송산 교회 새벽 종소리가 자명종인,
한때 다산기념관장을 역임한
한성이가 천자문 읽으면
또랑물도 따라 읽는 곳이지

더불어
병아리 도덕이 하늘의 솔개인 것을
내게 처음 가르친 곳이지

* 두부다리 : 징검다리가 두부모양이다.

일속산방을 찾아서

아무리 길눈이 밝다 해도
이만큼 세월이 건너뛴 뒤에
일속산방 찾는 일이
어디 수학문제 푸는 건가

소치가 시작하여, 초의가 마무리한
일속산방도 손에 들고
이리 맞춰 보고, 저리 맞춰 봐도
아욱밭은 안 보이니

차라리 일속산방도 손에 쥐어
공수부대 공중에서 투하하여
아욱밭에 집합하라 하면
답이 나올라나

아무리 길눈이 밝다 해도
이만큼 세월이 건너뛴 뒤에
일속산방 찾는 일이

누구 애기 이름인가

* 일속산방(一粟山房) : 다산의 제자 황상이 살았던 곳으로 일속산방이란 좁쌀 한 톨만 한 집이란 뜻이다.

울며 떠난 정수사 천불과 법고

울며 헤어진 부산항은
사람의 일이어
말기를 그냥 알아먹건만
울며 떠난 정수사는
천불과 법고의 일이어
말을 주고받지 못하니
눈빛으로만 주고받을 수밖에
천계산 중턱, 천불을 모신 묘적사와
법고와 범종을 모신 쌍계사를
왜놈들이 다 잡아먹었다지
천불과 법고를 부양할 수 없어
해남대흥사로 모시려
사당리 당산마을 앞을 지나는데
법고가 목이 붓도록 울더란다
들에 나와 김을 매던 아낙도
천불과 법고와 동행하던 승려들도
옷소매가 여러 날 젖었더란다
으스름 달빛 없는 대낮에도

천불도, 법고도
이별만은 어려웠지
이별만은 슬펐지

대구 명품 청단풍나무

청잣빛 하늘의
대구면사무소 청단풍나무를 보면
명품을 사람들이 찾는 이유를 알겠더라
십 년산을 1956년에 식재하였으니
해방 이후에 태어났다는 말인데
어쩌면 그리 잘 빠졌는지
까탈스러운 내 머리에서
아직도 지어지지 않은 것만 봐도
도솔천 내원궁 가는 길에 만났던
장사송 못지않은 감동을 내게 주었으니
명품, 명품, 명품 사람들이
명품을 찾을 때마다
달갑지 않은 생각을 가졌는데
명품 가방,
명품 시계,
명품 안경테
명품, 명품, 명품 들먹일 때마다
같잖게 여겼는데

정말 명품이란 게
바로 이런 것이란 걸 깨달았지
샤넬 가방에 신세 망친
벤츠검사 생각하면
명품, 명품, 명품 못 말리지
청자박물관에 가던
에스라인 해변 길 마량을 가던
대구면사무소
명품 청단풍나무 눈도장 찍고들
오시세

붉은 바위와 고동영감

봉이 김선달은
대동강물을 팔아먹고,
목포 정모모는
유달산을 팔아먹고.

사당리 당전 마을에서 서북쪽으로 산중턱에 붉은 바위라는 바위가 있지. 옛날에 이 바위에서 쌀뜨물이 흘러나왔는데, 붉은 바위 위쪽에 절이 둥지를 틀고 있었기 때문이지. 근데 절에 도승이 쌀을 짱박아 놓았기 때문이라는 소문이 무성했지.

술 생각이 아지랑이처럼 아른거리는 봄날, 술꾼들이 주막에 모여 붉은 바위를 쳐다 보았지. 문득 잔꾀가 많고 부황난 소리를 잘 하는 술꾼이 제안을 했지. 붉은 바위 주인의 허락을 얻어내어 붉은 바위를 욕심 많은 고동영감에게 팔아 공술을 얻어먹자고.

바위 속에 쌀 수만 석이 들어 있다는 감언이설에 넘

어간 고동영감이 대금을 지불하고 붉은 바위를 샀지. 그날 이후 혼자서 바위 틈 사이를 사타구니 만지듯 쑤시고 다니며 쌀이 나오는가 시험했지. 쌀은 고사하고 쌀뜨물마저 낯짝을 감췄지. 고동영감이 거간꾼들에게 돈을 돌려 달라 하소연하자, 거간꾼들이 오히려 화를 냈지. 가만히 놔두었으면 쌀이 저절로 나올 건데, 구멍을 쑤시니 구멍이 막혀 이제 쌀이 나오기는 영영 글렀다고. 통곡을 한 고동영감 홧김에 명을 앞당겼다지.

옛날에는 붉은 바위 보면
적벽가赤壁歌나
헌화가獻花歌 생각났지만
이제는 고동영감 생각날 거여.

동흔요東欣窯

– 靑瓷匠 李龍熙

사금파리에서 태어나
사금파리와 눈빛을 마주치며 산 소년이
밤마다 사금파리의 꿈을 꾸었지
하늘빛과 조롱박빛이 섞인
눈물을 머금은 사금파리와
눈이 마주칠 때마다
소년은 사금파리에게
헤어진 조각들을 찾아주고 싶었지
소년이 밤마다 퍼즐을 맞추듯
사금파리를 꿰매고 꿰매니
우둘투둘한 조롱박 모양의
항아리가 태어났지
밤마다 소년은 꿈속에서
헤어진 조각들을 맞추고 맞추었지
항아리에는 학이 날고
항아리에는 꽃이 피어났지
소년은 잠이 깨면
날아가 버린 학과 사라진 꽃들을 만나려

사당리 들판에 흩어진
사금파리들을 모으고 모았지
그러던 어느 날 사금파리가
불과 물과, 바람과 흙이
가르쳐 주지 않은
유약의 비밀을 가르쳐 주었지

김옥애 문학관

– 출렁다리 가는 길에

가우도와 한 몸이 돼
마음 설레는 돈머리 중저의
김옥애 문학관은
들꽃들의 천국이지

당산나무 아래
냉이, 별꽃, 민들레,
큰개불알풀
그 작은 가랑이들이 드나들지

주인 있으나 없으나
상관치 않고
이 책, 저 책 다 펼쳐도
부스럭거리는 소리 하나 나지 않지

달과 별들
얼굴 내밀지 않는 밤에도
문 잠겨 있어도 들어와

마음껏 책 읽지

이따금
옥상에서 해조음 들으며
달빛, 별빛으로
몸과 마음을 씻지

책에 푹 빠져
서로 시새우거나 다툴 새가 없는
김옥애 문학관은
들꽃들의 천국이지

* 김옥애(1946 ~) : 강진에서 태어났다. 광주교육대학 및 호남대학교 대학원 국문과를 졸업하였다. 1979년 서울신문 신춘문예에 동화 「너는 어디로 갔니?」가 당선되었다. 단편동화집으로 『너는 어디로 갔니?』, 『잠을 자는 돈』, 『손가락 발가락』, 『개똥벌레의 춤』, 『갈매기가 울어요』, 『이상한 안경』 등이 있다. 장편동화로는 『엄마의 나라』, 『별이 된 도깨비 누나』, 『들고양이 노이』, 『그래도 넌 보물이야』 등이 있다. 전남아동문학가상, 전남문학상, 광주일보문학상, 한국아동문학상 등을 받았다.

눈 내리는 명발당

뒤란에
반쯤 열린 동백꽃망울을 만나러
먼 길 달려온 눈발만
운이 좋은 것은 아니지

눈발이 다녀간 뒤에
동백꽃이 만발할 텐데
동백꽃망울을 만나러 온 저 눈발만
큰일을 한 것은 아니라고

녹죽은 물론 소나무, 팽나무, 매화나무에
얼굴 비비는 저 눈발은
지금 당장은 향기를 겹으로 맡을 수 없지만
제 할 일 한 거지

잎잎마다 우듬지마다 얼굴 부비는
저 눈발이 뭔 일을 했는지,
지금 당장은 눈에 띄지 않지만

두고 보면 안다고

더불어 새들이
누구와 함께했을 때
가장 멋들어지는지,
그것까지 생각할 필요는 없는데

* 명발당 : 다산 정약용의 친구인 윤시유의 옛집 당호이다. 다산은 딸을 윤시유의 아들인 윤영희에게 시집을 보냈다.

석문石門

저 많은 바위들이
하나 같이
다들 비상하는 자세인데

서로 앞지를 생각 않고
제 자리를
지키고 있는 것은

발목을 붙들린 것도 아닌데
예나 지금이나
그 자리에 서 있는 것은

이목구비 반듯한 바위들이
한결같이
비상하는 자세인데

묵언 수행하듯
입을 봉한 체

질서를 유지하는 것은

서로
눈빛만 주고받는 것은

백련사 동백숲

내 마음의 반야용선般若龍船인
백련사, 동백숲을 누가 둘로 갈라놓았나

모든 길들에 의해
세상이 좌우로 갈라져도
백련사 동백숲은
그리되지 아니 하였는데

오르는 길에
앞바다의 경 읽는 소리에
죽섬이 합장하는 모습
눈빛으로 전해주는 동백꽃에 한눈팔며
더욱 대를 이어 전수한
동박새 노래에 가던 발길 멈추었나니

내려가는 길에
대웅보전 벽화 소 찾는 동자의 소식
등덜미 붙드는 동백꽃에게 전해주고

동백숲 벗어나서는
동박새 노래 지워질 때까지 자주 뒤돌아보았나니

내 마음의 반야용선般若龍船인
백련사, 동백숲에 이웃들과 더불어
내 몸을 싣고 피안에 이르는 것이
내 일생 비원悲願이거늘……

누가
백련사 동백숲을 좌우 둘로 갈라놓았나

동백꽃똥구멍쪽쪽빠는새

봄날
백련사 동백숲에 가면
동박새, 찌르레기, 직박구리가
내게 텃세 부린다

이 가지
저 가지 옮겨 다니며
쪽쪽 소리를 내는 나는
동백꽃똥구멍쪽쪽빠는새

나 없을 때는
지그들끼리 다투다가도
내가 나타나면
다들 한편이 된다

동백꽃똥구멍쪽쪽빠는새인 내가
식량을 축내면
얼마나 축낸다고

일제히 목청을 돋운다

* 『강진』이란 시집에 동일한 제목의 내용이 다른 시가 있다.

해월루海月樓에서

서둘러
백련사의 안부를
다산초당에게 전해야 할 때도

서둘러
다산초당의 안부를
백련사에게 전해야 할 때도

나로 하여금
한눈팔게 하는 것이
낮달과 앞바다이지

달빛에 젖은 바다는 아니어도
해조음에 귀를 곤두세우는
저 낮달이 날 붙든다고

눈발이 휘날려
낮달과 앞바다를 볼 수 없어도

그냥 지나치지 못하지

* 해월루(海月樓) : 백련사와 다산초당 사이 산언덕에 있다.

고사골

다산초당에서
명발당 가는 길 사이에
없는 듯이 있지
신유사옥으로 올데갈데없는
만천의 아들 이택규를
온몸으로 안아 주고
다산의 슬픔 퇴치법을 전수시켰다니
서학이라는 불똥에
남도 끝자락까지 쫓긴 사나이들
다산의 슬픔이 더 컸는지
이택규의 슬픔이 더 컸는지
서로의 슬픔을 나누려
외삼촌과 조카가 만났을 때
슬픔이 줄어들었는지,
슬픔이 배가 되었는지
알 수 없으나
못 말리는 집안이지
경학으로 슬픔을 달랜 것 보면

절망 속에서도
만고에 빛나는 길을 걸은 것 보면
조선 첫 세례자
만천의 아들 이택규를
껴안아 주었다니

* 고사골(高士洞) : 강진군 도암면 만덕리에 소재한 마을이다.
* 만천(蔓川, 1756~1801) : 조선 최초의 세례자 이승훈의 호이다.

다산초당 가는 길

– 고사골에서

다산초당 가려면
귤동 눈도장 찍는 길,
백련사 눈도장 찍는 길
두 길만 있는 줄 알았더니
고사골 눈도장 찍는 길도 있어야
고사골에 둥지를 틀고
다산초당으로 가는 이 길을
다산과 주고받았을 백홍이
이승훈의 장남인 것을
외톨이가 된 씨알 한 톨을
돌봐 줄 토양이
비운의 대명사인 다산이었으니
제 몸 하나도
거느리기 어려운 팍팍한 시절에
다산이 조카를 가까이 둔 것은
씨는 남겨야 했기에
백홍은 사람들 앞에서
삼촌을 삼촌이라

한 번이라도 불러 보았을까
다른 제자들이 돌아간 뒤
이따금 뒤에 남은 두 사람은
무슨 이야기를 주고받았을까
다산은 명발당 가는 길에
백홍에게 몇 번이나 들렀을까

* 백홍(1796～?) : 조선 최초의 세례자 이승훈의 장남 이택규의 자이다.

달빛슈퍼

강진만 고니 떼와
강진만 갈대와 이웃사촌인
달빛슈퍼는 강진만의 사관이지
달빛이 주식이고
별빛이 간식인 달빛슈퍼는
고니 떼의 중얼거림도
갈대의 속삭임도
하나도 빠짐없이 머리에 기록하지
시베리아에서 돌아온
강진만 고니 떼가
갈대와 나누는 이야기를
달빛슈퍼는 속속들이 알고 있지
백련사 동백꽃 만나러 가는 이들도
귤동 마을 다산사경 만나러 가는 이들도
달빛슈퍼에게 눈도장 받아가지
사람들이 모두 다 잠든 밤에
가까이는 죽섬이 가우도가
달빛슈퍼에 와

툭시발로 달빛을 주거니 받거니 하다가
어깨동무하고 돌아가기도 하지
달빛슈퍼는 강진만 바닷가에서
일어난 일들을 속속들이 알고 있지
달빛슈퍼는 강진만의 사관이지

강진만 고니 떼

– 달빛슈퍼

고향 땅은 여기서 그리 멀지 않으나
자주 가볼 수 없기에
그리운 것은
마당 좁은 집의 어머니 말고는
강진만 고니 떼이지

백련사 동백꽃도 그립기는 하지만
동네 한 바퀴 돌듯 줄지어 날아가는
기러기도 그립기는 하지만
걱정스럽기에 더 그리운 것은
강진만 고니 떼라고

강진만 고니 떼가 걱정될 때면
달이 있으나 없으나
이미 달빛으로 충전을 한
달빛슈퍼에게 전화로
강진만 고니 떼의 안부를 묻지

눈 내리는 날이면

강진만 고니 떼의 잠자리가 편한지
먹을 것이 부족하지는 않는지
달빛슈퍼에게 물으면
달빛슈퍼가 내 안부를 전하지

어느 날은
오히려 달빛슈퍼가 내게 전화를 걸어와
나의 잠자리는 편한지
먹을 것은 부족하지 않는지, 묻는
고니 떼들의 궁울궁울 소리를 들려주지

고향 땅은 여기서 얼마 되지 않아도
자주 가볼 수 없기에
그리운 것은
마당 좁은 집의 어머니 다음으로
강진만 고니 떼이지

* 달빛슈퍼 : 바닷가에 있는 작은 가게 이름이다. 나는 이따금 달빛슈퍼에게 전화를 걸어 강진만 고니 떼들의 안부를 묻는다.

강진만 갈대밭에서

– 강진만 고니 떼에게

미운 오리새끼가 너희들이라는 것을
안 사람들이
세상으로부터 왕따 당하는 것을
두려워하지 않게 된 것
하나만으로도
너희들은 큰일을 했지

하늘에서 조해전술鳥海戰術로
그물질을 하는
가창오리 떼도 가창오리 떼지만
군무로 이착륙을 일삼는
너희들을 보며
차이코프스키를 꿈꾸어도 좋으리

갈대와 강물의 선율에
고니들이 군무를 즐기는 모습에
강진만이 바로 '백조의 호수' 의
공연장이라

강진만 갈대밭에 서 본 사람은
생각할 수밖에 없지

제우스는 너희들의 몸을 빌려
레아의 곁에 다가섰지만
내 영혼이 지금
너희들의 몸으로 변신하여
너희들에 섞여
정신이 없는 것을 너희들은 알까

미운 오리새끼가 너희들이라는 것을
깨달은 사람들이
세상으로부터 왕따 당하는 것을
두려워하지 않고
제 갈 길 가는 것 하나만으로도
너희들은 큰일을 했지

대처로 마실 나간 가우도

강진만에 둥지를 튼 가우도가
강진만에 못박혀
옴짝달싹 않고
순박하게만 사는 줄 알았더니
그게 아니더라

가우도가
강진읍내로 마실나가
대처로 가는 버스에
무임승차하는 것을
누군가 보았다더라

가우도와
눈을 마주쳤을 때
가우도가 그대들을
똑바로 쳐다보지 못하는 날은
가우도의 영혼이
어딘가로 떠났기 때문이리라

강진만에 둥지를 튼
세상 물정 모르는
그 순진한 가우도가 대처로 떠나도록
누가 부추겼는지,
누가 거들었는지

부추기긴
누가 부추기고
거들긴
누가 거들겠는가

내 눈빛에 담기어 떠나지 않는 것을
나로서도
어쩔 도리가 없더라

봐라 봐!
오늘은 다시 돌아와
그대들과 똑바로 눈 맞추는 것을

다산초당, 직박구리 관광해설사

둥지를 사무실 삼은
다산초당의 직박구리 관광해설사는
해설 하난
끝내주더라

대를 이어 전수받았는지
저절로 깨우쳤는지
기본인 다산사경은 물론
여유당전서까지 풀어먹더라

의미를 알고 그러는지
의미를 알지도 못하면서
그저 달달 외워 풀어먹는 건지
차마 그것까지는 물어볼 수 없더라

괜히 직박구리 자존심 건드렸다간
심통이 터져
해설사 못해 먹겠다고

등 돌리고 돌아설까 봐 겁이 나니

이따금 두물머리의 강물소리로
이따금 구강포의 강물소리로
다산의 시를 읊으며
먼 발길들의 피로를 달래주더라

백련사는 물론 청잣빛 하늘 아래
직박구리들의 트위터로서
그저 나대는 것 같아도
지그 나름대로 공부 많이 했더라

재택 근무하는
다산초당의 직박구리 관광해설사는
해설 하난
진짜 끝내주더라

천일각天一閣에서

비운의 대명사인 다산은
천관산과 구강포와 눈인사를 나누는
이 산 중턱에서
무슨 생각을 하였을까

그리운 현산玆山은
바다를 따라가면 있는 것을,
잔물결 뒤에 있는 것이 아니라
큰 파도 뒤에 있는 것을

다산의 슬픔을 덜어준 솔바람이
내 귓전에 다가와
뭔가 귀띔해 주는데
알아들을 수 없으니

현산에 절도안치絕島安置된
손암에 대한 그리움이 가만있지 않으니
앞바다에 안부를 묻느라

몸 둘 바 몰랐겠지

하늘은 하나인데
세상의 한 단애斷崖에 섰던
비운의 대명사인 다산은
무슨 생각을 하였을까

용혈암龍穴庵

흔적도 없이
사라진 것들에 비하면
흔적이 있이 사라졌으니
그나마 다행이지

원묘, 정명, 진정, 진감
네 분 국사 주석시키고,
원묘, 정명 두 분 국사 입적시킨 것
아는 사람 별로 없지

만덕사지에
이력이 다 올라 있으니
흔적 없이 사라져도
이름을 남기고도 남았지

진달래꽃이 얼굴 내밀면
어느새 알아차린 다산이
이곳을 찾아

기를 보충하고 돌아갔지

용혈암, 어디로 사라졌나
제 몸에 불을 놓아
불길을 타고
승천昇天하였으니 알 리 없지

별자리 주작朱雀

동 청룡青龍,
서 백호白虎,
남 주작朱雀,
북 현무玄武

이 중에
주작의 하늘을
차지하고 있는 이가
강진이라니

생각만 해도
어깨가 으쓱해지는 것을,
아니
들썩거리는 것을

주작산 등에 올라
밤하늘 깊은 곳에 둥지가 있는
별자리 주작에

다다르고 싶은 것을

남방칠수南方七宿
정井, 귀鬼, 유柳, 성星, 장張, 익翼, 진軫
별자리 주작을
당당하게 만나고 싶은 것을

하늘과 땅의 주작이 만나
한세상
이룰 수 있도록
주선하고 싶은 것을

주작의 하늘을
차지하고 있는 이가
다름 아닌
강진이라니

늦봄문익환학교

죽섬이 보이는
옴팍한 곳,
늦봄 문익환 학교가
생각에 잠겨 있다

방학 중 아이들 다 떠나
심심한 삽살개가
눈을 털어내는
시누대를 바라본다

소한小寒, 눈발 속
자소엽차 마시며
늦봄 문익환 학교가
중얼거린다

–봄이 좀 더디면 어때
한번 왔다 하면
확실하게 오는 걸,
마음은 늘 봄인 걸

제3부

마량면, 병영면, 성전면

하멜기념관풍차

까막섬

혼자서가 아니라
둘이서
저만치 떨어져 있어야
까막섬이여

하루에
두 차례 헤어졌다
만났다를
매일 되풀이하지

한 차례가 아니라
어김없이
두 차례 오고가야
서운하지 않은 거지

그리움이 뭔가를
가르치려
마량 앞바다가

가슴을 채웠다 비웠다 하지

혼자서가 아니라
둘이서
저만치 떨어져 있어야
까막섬이여

한때 걸어 다닌 까막섬

예수님만 물 위를 걸은 게 아니라
까막섬도 물 위를 걸은 것을
들어본 적이 있나
이름도 못 들어본 먼 바다에서
마량 앞바다까지 걸어오다
저 자리에서 멈춰버린 사연을
들어본 적이 있냐고
걷지 못하는 아이를 등에 업은
어느 아낙이
육지를 향해 걸어오는 까막섬을 향해
섬이 물 위를 걷는다고 외치는 바람에
섬은 저 자리에 멈춰서고
아이는 걷게 됐다지
던시네인 숲이 움직여
던컨 왕을 살해한 맥베스를 응징한 것은
너무도 잘 알지만
움직이던 까막섬이 걸음을 멈추고
걷지 못하던 아이가 걷게 된 이야기는

아는 사람이 그다지 많지 않지
결국은 맞바꾼 게지
더더욱 까막섬이 육지에서
저만치 떨어져 있어야 온전하지
만약 육지에 상륙했더라면
저렇게 멋들어지게 생존해 있겠어
저만치 주저앉아 있기에
까막섬도 살고
아이도 걷게 된 거지

강진 매생이

정확히 말하면
강진 마량 신마, 숙마, 하분
앞바다가 고향이지
입에서 슬슬 녹다는 말의 대명사가
누구냐고 물으면
강진 매생이라 해야 맞지
누가 바다의 솜사탕이라고 그러데
초록빛이 점차 힘을 잃어갈 때
초록빛이 점차 힘을 내는 것이
강진 매생이지
대나무 기둥에 달라붙은 매생이가
푸른 댓잎이 되어
바다가 대숲처럼 일렁이면
추운 겨울이 어부들의 봄날이지
어부들의 꽃 피는 춘삼월은
매생이가 초록빛을 과시하는
한 겨울이지,
눈이라도 쏟아지면

이보다 더 좋을 수가
집에서 만날 수 없으면
강진의 식당 어디에서나
우릴 기다리고 있으니
석화와 궁합이 잘 맞는 매생이국으로
갈 곳 잃은 마음을
달래야지

꿈꾸는 마랑항

까막섬 전설은
파도에 실려 가고

말고삐 손에 쥔 듯
배를 모는 마량항

큰바다로
나아가는 꿈을

말발굽소리
들리도록 꾸지

눈앞의 등대는
형제나 마찬가지

두 손을 맞잡은 듯
눈 맞추는 마량항

큰바다로
나아가는 꿈을

등대와 함께
밤낮으로 꾸지

성동리 은행나무 까치

성동리 은행나무 까치보다
안단이 박사라고
비아냥거리는 이들이 많지만
다들 좆도 모르고 하는 소리여

누가 자기가 알고 있는 걸
주둥이로 다 까먹는다 생각하면
힘 파이게 떠들어댈 생각을 하겠는가,
알아도 모른 척 가만히 있지

아는 걸 안다고 하고
모르는 걸 모른다고 하는 것이
진실로 아는 것이란 걸
성동리 은행나무 까치는 너무 잘 알지

예, 아니오가
다른 이들에 비해 분명하기에
그러니까 사리가 분명하기에

주둥이를 여는 거지

다들 몸조심하느라
아무도 안 나서니
총대 메고 나서는 게
성동리 은행나무 까치지

박수는 못 쳐줄망정
안단이 박사라
앞으로는 뒤에서 비아냥거리지 말기를,
신신당부하는구만

네덜란드 풍차와의 결투

하멜기념관 앞의
네덜란드 풍차를 본 내 눈빛이
로시난테를 타고,
방패와 칼을 들고
돌진하려고 해야

내 생각을 읽은 하멜동상이
자기 입장을 봐서라도
그 생각을 접으라고
눈빛을 보내는데
내 눈빛이 모른 척하는 거지

이랴챠챠
이랴챠챠
로시난테의 엉덩이를 때리며
내 눈빛이
돌진하는데

말발굽소리에
바짝 긴장한 네덜란드 풍차가
날개를 돌리며
임전태세,
날 놀리는 거 있지

나보다
돈키호테 같은 놈이라고

하멜동상

언제부턴가 자고 나면
한골목이
먼지 하나 없이 말끔해져 있더라고

누가
빗질한 흔적도 없는데

빗살무늬 돌담도
나쁘닥에
윤기가 돌고,
힘이 넘치더라고

자고나면
한골목이
무장무장
더 키가 커지는 것 같더라고

하멜이
돌아온 뒤부터 같지

한골목

한골목의 한은
한밭의 한과 같은
크다는 뜻이지

담장의 키가 저리 큰 것은
말을 탄 병사들이
사생활침해 않도록
조치를 취한 거지

제주도에 표류하여 이송된
하멜 일행이 쌓은
빗살무늬 돌담에
귀 기울이면 말발굽 소리 들리지

인생은 짧고 예술은 길다더니
하멜은 갔어도
빗살무늬 돌담은 남아
옛날을 되새기게 하지

삼동에 베옷 입고

– 삼동三冬에 베옷 입고 암혈巖穴에 눈비 맞아
구름 낀 볕뉘도 쬔 적이 없건마는
서산에 해 지다 하니 눈물겨워 하노라

비유와 상징이
이만큼 멋들어진 작품을
조선에서 찾는 일이
쉬운 일이 아니거늘

작자가 누구인가
논란이 많아
교과서에서 물러났다지

누구는
남명 조식이라고

누구는
해암 김응정이라고

좌우간
작자가 누구인가
가닥을 지어
원상복귀 시켜야지

함동정월

– 물은 건너봐야 알고 사람은 겪어봐야 알거든

함동정월이 아니라
함수인월이 맞지

동정호에 뜬 달은
교교하기만 하고

수인산에 뜬 달은
가야금 산조를 하거늘

동정호에 뜬 달 같이
예쁘다는 말에 머리를 얹고 말았지

수인산에 뜬 달 같이
예쁘다고 말하는 사내가 나타나지 않았으니

동정호에 뜬 달은
요요하기만 하고

수인산에 뜬 달은
승무와 검무, 시조까지 하거늘

달마다 해산하는
달을 이름 삼더라도

함동정월이 아니라
함수인월이 낫지

* 함동정월(咸洞庭月, 1917년~1994년) : 전남 강진군 병영면 출생으로 본명은 금덕(金德)이다. 가야금 산조의 명인으로 무형문화재 제23호이다. 가야금 산조의 창시자로 알려진 김창조의 수제자인 6촌 형부였던 최옥산 명인에게서 가야금 산조를 사사하였다.
* 수인산 : 강진군 병영면에 소재한 산.

무위사 진순이

채식주의자,
무위사 진순이는
언제쯤 성불할까

몇 년 만에 찾아온 나에 비하면
무위사 진순이는
스님들과 생사고락을 같이하니
머지않아 성불하겠지

스님들 못지않게
아미타불 말씀으로 귀를 씻고
마음을 씻으니
내가 따라갈 수가 있나

이미 돈오하여
점수하고 있는 무위사 진순이는
내가 안 부럽다는 듯
나를 거들떠보지도 않아야

채식주의자,
무위사 진순이는
언제나 성불할까

아미타불 팽나무 까치

무위사 아미타불 팽나무가
아예 선방이자 둥지인
아미타불 팽나무 까치는
다른 것 나무랄 데가 하나도 없지
스님들 못지않게
아침예불에서 참선에 이르기까지
더 이상 바랄 것이 하나 없는데
살생금지만은 지키지 못하니
도로아미타불이지
타고난 식성을 감안해 주지 않는다면
아무리 득도하더라도
성불하긴 틀린 거지
득도하지 못하더라도
성불하지 못하더라도
몸보신을 위하여
벌레들을,
곤충들을
그냥 지나갈 수가 없는 거지

다른 것 나무랄 데가 하나도 없는
아미타불 팽나무 까치의
타고난 유전자를
조작하는 길이 없으니
성불하려 열심히 참선하는
아미타불 팽나무 까치를 볼 때마다
나로서는
답답할 수밖에

눈 내리는 월남사지삼층석탑

전란에 거의 다 사라졌어도
월남사지삼층석탑만 그 자리에서
끄떡없이 버틴 것을 보면
월남사지의 모든 불력이
이곳에 고스란히 모여 있는 거지
달아난 월남사지의 대웅보전을 비롯해
모두가 삼층석탑에
피신해 들어와 있다고 말하면
정신없는 사람 취급받겠지
백일에서 하루를 채우지 못해
그러니까 일 프로가 부족해
법사를 이루지 못한 석공 아내의
화신인 돌이 삼층석탑이 되었으니
삼층석탑에 달려와 쌓이는 저 눈발은
삼층석탑의 사연을 알고 찾아온 걸까
지금 달려드는 눈발이 물러나고
다시 해가 얼굴 내밀면 물이 되어 증발하거나
삼층석탑을 흘러내려

대지에 스며들 눈발들은
남다른 인연을 가졌다 할 수 있지
누군가 저 삼층석탑을 드나들고 있다는 생각이
내게 떠오르는데, 누구긴 누구겠는가
대웅보전 이하 사라진 사찰들이지
누구도 몰래 월출산 산봉우리까지
마실 다니며
어느 날은 산봉우리마저 데려와
삼층석탑에 머무르다 가게 하지
오늘 삼층 석탑에 찾아온 저 눈발들도
아무 생각 없이
아무 인연 없이 찾아온 것은 아닐 거시
내 발자국을 지우는 눈발과
나와의 인연도
건성으로 볼 일 아니니

수월관음도

– 무위사 극락보전

눈에 잘 띄는 곳에서 보다
눈에 잘 띄지 않는 곳에
현현顯現하시지

한 손에 시들지 않는 버들가지를
한 손에 정병을
들지 않은 듯이 들고
백의로 오시는 이여

번뇌의 바다를
연꽃으로
짓누르고 서 계시는 이여

노비구와
이름 모를 새의 비원을
눈으로 들어주시는 이여

아미타삼존후불화와

등을 맞대고

현현顯現하신 이여

연방병미일천춘聯芳並美一千春

천고에 빛날 멋들어진
이 말 하나 낳으려고
생때같은 목숨을
조선은 둘이나 잃었어야
이 말을 낳지 않더라도
목숨을 구해야 했었는데
슬픔 많은 임진왜란 때
원주 이씨 이계복의 출가한 두 딸이
고향인 금당리 금당으로 피신해 와서도
화를 면치 못한 거지
왜군 장수의 손이 닿은 젖가슴과
손목을 스스로 잘라
생을 마감하였으니
동생마저 스스로 목숨을 끊고 말았지
금당리 뒷산이 떠맡은
이 두 자매에게
영조 때에 정려가 세워졌다지
난형난제이씨녀難兄難弟李氏女

연방병미일천춘聯芳並美一千春
정려 중수기의 이 구절 낳으려
임진왜란은 생때같은
두 자매의 목숨을 거두어가다니

* 난형난제이씨녀연방병미일천춘(難兄難弟李氏女聯芳並美一千春): '이씨 부인 두 열녀는 그 절의가 높고 낮음이 없이 두 분이 똑같이 으뜸이며, 두 분의 꽃다움과 아름다움이 천년을 두고 빛나리라.' 는 뜻이다.

더분해재

이보다 더 좋을 수가 없는 것은
님도 보고,
뽕도 딸 때이지.

성전면 월하리 죽전 마을의 어느 아낙이 친정에 가다가 인적 드문 산길에서 산적과 마주쳤지. 아낙은 머리에 인 이바지 떡을 몽땅 빼앗겼을 뿐만 아니라 몸도 빼앗겼지. 떡 빼앗긴 것도 억울한데 몸까지 빼앗겨 더블로 분하다고 해서 그 산길이 '더분해재'가 되었지. 이 설에 의하면 몸을 빼앗겼지만 떡까지 빼앗겨 '더분해재'가 됐다는 반대의 이야기도 떠돌지.

이보다 더 나쁠 수가 없는 것은
몸도 뺏기고,
떡도 뺏긴 때이지.

누구는 이 이야기에
떡도 함께 먹고

뜬금없는 사내도 따먹었으니
더재밌재라네.

보장암寶藏庵의 쌀바위

전영택이 쓴 화수분이란 소설 생각나나
안 읽었을 수도 있지

재물이 계속 나오는
보물단지가 화수분이지

단지 안에 온갖 물건을 담아 두면
끝없이 새끼를 쳐
그 내용물이 줄어들지 않는다는 설화상의 단지지,
국어사전에게 물어 봐

화수분은 아니지만
좀 비슷하게
승려들이 정진하는 보장암 근처에
매일 먹을 만치의 쌀이 나오는
쌀바위가 있었데

어느 날

욕심 많은 중 한 분이 쌀을 많이 나오게 하려
구멍을 크게 뚫자
그 뒤부터 쌀이 한 톨도 나오지 않았다지

요즘 로또에 연금복권이란 것 있잖아
그 달 그 달 받아먹고 살면
아무 탈 없는 거여

로또에 당첨되고도
망한 사람 한 둘 아녀

조산兆山

운명을 바꾸려
개명하는 이웃들의
마음을 읽은 적이
있지

이미 있는 산의 이름을
개명한 것이 아니라
인공산을 낳은 뒤,
조산이라 이름 지었다지

만덕산,
천불산,
억불산에
기죽지 않으려

병마절도사의
위신과 체면을
저 낮은 산이
이름만으로 지켜 주었지

제4부

신전면, 옴천면, 작천면, 칠량면

죽도

비래도

죽섬만
가슴을 앓아
누운 줄
알았더니

그대도
가슴을 앓아
누운 지
오래여야

까막섬만
기막힌 사연을
간직한 줄
알았더니

그대도
기막힌 사연을
간직하고
있어야

눈 내리는 경모정

월출산도 수인산도 다 지워지도록
작천의 산과 들에
눈발이 날리는 것은
경모정이 눈발을 불러들였기 때문이다

빛바랜 삼강오륜三綱五倫 새 한지에
다시 쓰도록, 사서삼경 아니더라도
사자소학부터 다시 시작하라고
눈발을 불러들인 것이다

인의예지仁義禮智가 무너질 대로 무너진
이 나라를 똑바로 세우기 위해
다들 초심으로 돌아가라고
새 한지를 마련한 것이다

이대로 가다간 안 되겠다는 생각에
자고 나면 햇살에 몸 버릴지라도
새로운 한지 마련하려
눈발들을 막무가내 불러들인 것이다

돈밭재

인터넷 불법 도박사이트로 벌어들인
110억대의 돈다발을
포크레인이 찾아낸 이야기 알지
그런 일이 요즘에만 있었던 게 아니지
알리바바와 사십 인의 도적 이야기인
열려라 참깨, 이야기하는 게 아냐
옴천면 영산리 계원에서
영암읍 학송리 월송정 가는 길에
돈밭재라고 들어봤는가 몰라
옛날에 손재주가 있는
병영의 한 건달이 서울 가서
노름으로 일확천금을 하였다지
객지는 믿을 수 없으니
고향의 품에 다시 안기고 싶어서
서울에 등을 돌리고 떠났다지
돈을 몽땅 다 가지고
고향에 가는 것이 위험하다는 생각에
돈밭재에 돈을 묻어 놓고

고향에 갔다지
서울에서부터 돈냄새를 맡고
사냥개처럼 뒤를 밟은 이들이
그 돈을 못 본 척 할 리가 만무하지
며칠 지난 뒤에 이 건달이
이곳에 와 돈을 찾았지만
발도 안 달린 돈이 줄행랑친 뒤였지
그 뒤로 이곳을 돈밭재라 불렀다지
포크레인 아니어도
곡괭이나 삽자루가 찾아낸 거여,
맨손이면 어떻고

말무덤

작천면 용상리 구상마을의
말무덤에 대하여 들어봤는지 몰라
말씀 언言, 말무덤 말고
말 마馬, 말무덤 들어보았냐고
임진왜란 때 구성마을이 낳은
별초장사 황대중이
여산전투에서 실력을 아끼지 않고
정유재란 때 남원전투에서
남은 실력을 다 쓰더니
적탄을 맞아 숨을 거두었지
시체를 등에 업은,
그의 충복인 애마가 적을 따돌리고
주야로 삼백 리를 달려
구상리에 발 딛었지
말 못하는 그 짐승이
주인이 안장되는 날까지
식음을 전폐하고
마굿간에 고개를 떨구고 서 있더니

장군의 장례가 끝난 삼일 후에 눈감았다지
어지간한 사람보다 몇 배는 더 나은
이 말을 가상히 여겨
장군의 무덤 곁에 묻어주었지
이게 바로 말무덤이라고
말씀 언言, 말무덤 아닌
말 마馬, 말무덤인

명궁, 김억추

명궁으로 말할 것 같으면
필록티티즈를 앞지를 자 어디에 있겠냐만
작천면 현산리 박산마을
김억추 장군의 활솜씨가
어느 수준인지 너희들은 못 들어봤지
임진왜란 때 선무원종 1등 공신에 오르고
정유재란 때 전라우도수군절도사에 오르신
현무공 김억추 장군이 소년 시절에
박산마을 이웃산인 바듬해산에서
병영의 수인산을 향하여
활시위를 당겼다 놓으면
노적봉이 어김없이 과녁을 자처했다지
정유재란 땐 왜선이 남해 바다에 침투하여
왜군이 돛대에 올라 아군을 향하여
육두문자를 날리고
궁둥이를 돌린 채
똥을 싸는 시늉을 하며
약을 올렸다지

이에 화가 난 대관이
“저 왜놈을 활로 쏘아 죽일 자 없느냐”고 외치자
김억추가 나서서
단 한 개의 화살로 촐랑대는 왜군의
똥구멍을 뚫었다지
필록티티즈를 앞지를 자 어디에 있느냐는 말은
수정되어야지

강진송산교회

냇가가 집요하게 따라다니는
골목길을 경계로
연화동은 군동이고
송산은 칠량이지
송산엔 이모가
연화동엔 외삼촌이 둥지 틀었지
겨울방학에 외갓집에 간 내 유년이
성탄엔 외사촌 형들을 따라
송산교회에 가
탄일종이 땡땡땡 은은하게 들린다
저 깊고 깊은 산골 오막살이에도
탄일종이 울린다,
신나게 불러댔지
마리아회 성당에서
구유경배 따른 성탄미사 마치고
눈발을 따돌리지 못한 채 집에 와
크리스마스 특집
안드레아 보첼리 스페셜을 만나

잠시 실로암 연못을 꿈꾸었지
문득 사십오 년 전
송산교회의 성탄이브가
내 유년의 뒤란
어딘가에 잠자고 있다가
불쑥 얼굴을 내밀어야
탄일종이 땡땡땡 멀리 멀리 퍼진다
저 바닷가에 사는 어부들에게도
탄일종이 울린다며

도라배기재

돌아보지 마라는데
돌아보았다가
일을 그르친 이들이 있으나
몇 번을 돌아봐도 탈 없는 곳이지

그 옛날 사연 많은 이들이
도라배기재에서
병영 관아를 향하여
삿대질하며 욕을 퍼부었다지

천둥산 박달재처럼
그 옛날에는 울고 넘었을망정
오늘날은 울고 넘을 이유가
하나도 없지

돌아보지 마라는데
돌아보았다
낭패를 당한 이들이 있으나

아무리 돌아봐도 탈 없는 곳이지

한 번은
의무적으로 돌아봐야 하는 곳이지

생거칠량사거보암

생거칠량사거보암,
이 말이 뭔 말인지 그냥 알 수 있어도
이 말이 왜 태어났는지
유래를 아는 사람 그다지 많지 않지
옛날 옛적에 도암과 혼인하여
자식 하나를 두고
청상과부가 된 여인이 있었지
마지못해 바다 건너 칠량과 개가하여
자식을 또 하나 두었지
씨가 다른 두 자식이 잘 되어
서로 모시겠다고 하는 바람에
어머니는 딜레마에 빠지게 됐지
바다를 사이에 두고
서로 모시겠다고 줄다리기하다가
도암의 아들이 소송을 제기했다지
노심초사 끝에 현감이 판결을 내렸는데
그 판결이 바로 '생거칠량사거보암' 이지
솔로몬에 못지않은 명판관이

조선에 있었으니
이보다 더 현명할 수가
사실 이게 웃어야 할 일 같기도 하고
아닌 것 같기도 하고

* 생거칠량사거보암(生居七良死居寶巖) : '살아서는 칠량에 살고 죽어서는 보암에 산다'는 뜻

죽도

요니의 바다에 떠 있는
섬

조선왕조 오백 년에
출연했지

누구든
눈독 들이다 들통나면

봉황리가
가만두지 않겠지

죽도는
강진의 거시기이지

한시도
마음 놓을 수 없는 시상에

봉황마을이
지켜주니

맘 놓고
돌아가도 되지

웃고 넘는 까치내재

그 옛날에
까치내재 정복하기가 어디 쉬운 일인가
지금은 자가용으로 해 넘어가듯
꼴깍 넘어가면 되지만
그 옛날에 걸어서 정복하기가
어디 쉬운 일인가
어느 날 까치내재 정상에 올라
강진만 바라보니
어딘가에서 키득키득 웃는 소리가 들리더라
웃음을 참지 못하는 이가
누구인가 했더니 바람이더라
나뭇잎에 매달려 쉬고 있는
바람의 멱살을 붙들고
남은 힘들어 죽겠는데
왜 킥킥 웃느냐 추궁했더니
마지못해 이실직고하더라
옛날 옛적에 어느 선비가 과거보러 갔다가
과거도 떨어지고 노자도 떨어진 채

객주집 신세를 졌다더라
부자 행세를 하며 대접을 잘 받았는데
돈을 갚을 길이 막막하여 수를 냈다더라
고향집에 객주집 주인을 모시고 가
돌아올 노자까지 후하게 주겠다고
굳은 약속을 하였다더라
병영을 거쳐 까치내재 정상에 이르자
이 선비가 강진만을 바라보며
저 들이 다 내 것인데 큰물을 만나
바다가 되었으니
자식 놈이 내게 노자를 보낼 경황이
어디 있었겠냐며 대성통곡을 하더란다
자기만 살아 무엇하냐며
고개 아래로 내려가 물속으로
뛰어들어가 나오지 않더란다
객주집 주인은 돈 받으러 따라왔다가
살인죄를 뒤집어쓸까 두려워
누가 볼 새라 도망가버렸단다

강에 뛰어든 선비는
물 밑으로 건너편 강가에 도착하여
객주집 주인도 따돌리고 죽음도 따돌렸단다
이후로 '강진 사람 물속으로 삼십 리 간다' 는
말이 킥킥거리고 다녔단다
이 이야기를 잎새에서 키득거리는
바람에게 들은 뒤로
자가용으로 까치내재 넘을 때도
걸어서 넘을 때도
까치내재를 웃고 넘어다니는기라,
나도

제5부

미망 및 웃음엣소리

해월루

미망

– 콘돔, 옛날 옛적에

어디서 났을까

가까이 해야 할 공부는 멀리하고
교실에서
한 놈이 콘돔을 불고 있다

아이들은
모두
깔깔거리고

저 싸가지 없는 새끼를
어떻게 요리할까,
누군가가 고민 중이다

색깔만 다르지,
콘돔이
어느덧 왕조롱박이 되었다

박혁거세는
박에서 나왔는데
저 새끼는
콘돔에 구멍 뚫려 나왔을 거야

누군가가
마루에서 주운 나무 가시로
콘돔 부통을
살짝 과녁 삼으니

펑!

놀란 주둥이가
정신을 못 차린다

미망

– 토끼몰이

강진 중학교 다닐 때 퇴비증산을 위하여 딸기 오다마 몇 개에 팔려 깐치내재를 정복한 적이 있었지. 산등성이에서 풀을 베다가 인산인해의 그물망에 산토끼와 노루가 걸리는 것을 보았지. 금사봉이 매일 아침 내려와 해와 함께 얼굴 씻고 돌아가는 금사리 방죽 지나 마을 뒷산에도 갔었지. 돌발 인해전술로 토끼, 노루 못할 일 시키고 선생님들 좋은 일 시켰지. 이 맛을 아는 탑동 아이들이 한 번 제 것을 챙겨보고자 토끼몰이를 갔었지. 우두봉 지나 능선을 타고 가다가 멀리 월출산과 눈이 마주쳤지. 기골이 장대한 월출산이 우리를 쳐다보는데 웃기지도 않는다는 표정이었지. 어느 토끼가 어서 와 저를 데려가 잡아먹으세요, 하고 얌전히 기다리고 있겠는가. 더 이상 가지 못하고 패잔병처럼 마을이 보이는 산비탈로 퇴각하고 말았지. 그곳이 교촌리 바로 뒷산이었지. 다 부모들이 놓아먹인 아이들이었지. 고작해야 다섯 명이 넘는 아이들이 삼 개 학년 천 명이 넘는 강진중학교 전교생을 흉내 낸 거지. 배는 고프고 토끼는 눈에 보이지도 않고 산언덕 채마밭에서 배추뜽컬로 배를 채웠지. 하마터면 개구리 소년이 될 뻔한 토끼몰이였지.

미망

– 역류성식도염

무지가 목숨을 앗아가고,
무지가 운명을 바꾸기도 하지.

그해 여름 방학 직전에 아버지를 먼 길 떠나보낸 나는 방학 동안의 특별수업에도 참가하지 않고 집에서 엉거주춤 세월을 낚고 있었다. 다른 친구들이 공부로 재미를 보고 있는 그해 여름 내내 나는 죽음이란 추상명사에 희롱당하고 있었으니. 누가 귀띔해 주었는지 어머니가 나에게 고등학교를 나와 양성소에 진학하면 초등학교 교사가 될 수 있다고 하였다. 나는 어머니의 말에 실망하여 공부를 아예 놓아버렸다. 어머니는 슬픔을 마무리할 겨를도 없이 아버지가 삶을 접은 그 길을 오일에 한 번씩 오가야만 했다. 아버지의 빈자리를 외할머니가 채워 주셨지만 나는 외할머니를 실망시키고 말았다. 외할머니는 공부도 잘 하고 말도 잘 듣는다는 내가 삐뚤어진 데 대하여 실망을 금치 못하셨다. 어머니는 달라진 아들의 마음을 제 자리에 갖다 놓으려, 더욱 기죽이지 않으려 먹을 것 마실 것을 충분히 가져다 놓았다. 오란시, 환타, 콜라에 중독이 될 정도로 마셔댔으니 그놈의 식도가 정상일 리가 없었다. 중략할 수밖에 없는 얼마간의 시간이 흐른 뒤에 나는 이웃군의 고등학교에 통학을 하였다. 학교를 빼 먹는 날이 잦았고 담임선생님은 나를 찾으러 몇 번이고 강진까지 오셨지만 허탕을 치고 가셨다. 그러던 어느 날 목에 초대받지 않은 손님인 이물감이 찾아왔다. 병원에 가면 아무 이상이 없다는데 나는 심각할 정도로 목에 신경이 갔다. 어머닌 돌아가신 아버지가 나를 사랑하여 자꾸 만지니까 그런다며 무당을 불러다가 푸닥거리를 하였다. 그때마다 나는 더욱 삐뚤어져 집을 나갔고 경찰서 뒤 공원의 풀밭이나 충혼탑의 자갈밭에 잠자리를 청하곤 하였다. 결국 학교를 휴학한 내가 외롭고 낮고 쓸쓸한 세월을 보내는 동안 안톤 체호프, 헤르만 헤세, 셀리와 키츠가 찾아와 나를 위로해 주었다. 그 뒤 또 다시 중략해야 할 무지한 세월이 막무가내 흐른 뒤에 그 시절의 범인이 바로 역류성식도염이었다는 것을 알았다.

무지가 내 운명을 바꾼 것을
이제야 깨닫다니.

미망

– 재건학교

영어교사인 내가 한때 수학교사를 역임했다면 뭔 뚱딴지같은 소리냐 하겠지. 하지만 분명 나는 당당한 수학교사를 한 차례 역임한 적이 있지. 강남교회가 손 뻗으면 닿는 곳에 재건학교가 둥지를 틀고 있었지. 월사금 내기 어려운 부모들이 아이들 반듯한 중학교에 못 보내고 재건학교에 보냈지. 죽마고우인 광복이가 부탁하는 바람에 못 이기고 영어, 수학 무거운 짐 떠맡았지. 사람이 무난한 자래부리 출신 일 년 선배 영주, 야무진 중학교 동창들 광국이, 규남이, 경조 그리고 내가 광복이 무거운 짐 덜어주었다고. 우리가 무엇을 가르치는지 강남교회가 제 그림자로 교실 안을 들여다보았으니 강남교회가 그야말로 산증인이지. 내 말이 안 믿어지면 지금이라도 강남교회에게 물어보면 더하지도 덜하지도 않고 사실대로 말해줄 거여. 주님의 말씀 잘 들은 강남교회가 생육하고 번성하여 그 옛날 재건학교를 흡수 통합했다지. 방학 내내 강남교회에게 눈도장 찍고 다녔으니 그 시절 인사성 가장 밝은 젊은이가 누구였냐고 물으면 이름은 생각하지 못해도 내 얼굴은 기억할 거여.

그 시절 아이들 검정고시 보러 순천까지 먼 걸음했지. 검정고시 수학문제에 피타고라스 정리를 살짝 비튼 문제가 아이들 많이 괴롭혔지. 맛대칭을 응용한 문제이기에 직육면체를 전개하여 푸는 문제였지. 그 문제가 내 인생에 있어 안 잊혀지는 문제 중의 하나이지. 중학교 때 마스터 수학까지 정복했던 내게 그 문젠 누워서 떡 먹기였지만 아이들에게 난공불락이었지. 누가 뭐래도 나도 한때 수학교사였다고. 강남교회에게 물어보면 그냥 알 수 있지. 내 말이 참인가, 거짓인가.

미망

– 와굿재

와굿재 출신,
그 많던 탑동 아이들은
다 어디 갔나.

영랑을 낳은 마을 탑동에서 현구 낳은 서문 가는 길의 자연산 슬로프가 바로 와굿재이지. 눈 쌓인 날이면 그 와굿재에서 내 유년이 지금도 스키를 타고 있지. 와굿재 정상 왼쪽에 지나다니는 사람들이 늘상 눈독 들인 살구나무 집이 있었지. 와굿재 오른쪽에는 근육이 만만치 않은 가슴이 건장한 계원이 집이 있었고, 계원이 집 위 아래로 경옥이와 영숙이 집이 사춘기에 접어들고 있었지. 영숙이 집 아래에 종돈장인 윤형이 집이 꿀꿀거리고 있었고, 건너편에 우리가 짤짤이해도 나무라지 않는 감나무가 있는 방식이 집이 있었지.

탑동 사거리에 남진과 나훈아의 노래를 곧잘 불러주는 성순이 집이 있었고, 밤이면 탑동 거리를 밤무대 삼는 성호네 집이 있었지. 위세 당당한 영랑생가가 희중이 선배집이고, 나에게 장기를 가르친 영랑생가 사랑채가 길래 집이었지. 영랑생가 앞 주차장 자리에 눈이 소눈만 한 영진이 집이 있었고, 강진시문학파기념관 자리에 최승희를 꿈꾼 지성이 집이 있었지. 조금 내려오면 무슨 큰 벼슬을 한 철화네 집이 있었지. 탑동 공동 샘 옆 언제나 입춘대길인 현철이 집이 있었지. 탑동샘 코 닿는 봉영이 집이 있었고.

탑동 사거리에서 읍교회 쪽으로 내려오는 길에 조신한 징순이 집이 있었지. 옆집이 천당만당 구슬치기의 달인인 현수 집이었고, 옆집의 옆집이 독자 중의 독자인 승하 집이었지. 탑동회관 앞 키 작은 담장에 가슴이 콩알만 한 우리 집이 있었지. 우리 집과 어깨동무한 남식이 집이 있었고, 일찍 세상에 눈을 뜨고 해외로 눈을 돌린 영주 집이 있었지. 바로 길 건너에 형사 콜롬보 중목이 집이 있었지.

강남 교회 밑에 감나무가 이웃집을 침범한 경태 집이

있었지. 경태 집에서 저만치 떨어진 곳에 딸 부잣집 춘매 집과 울긋불긋 꽃대궐인 우정이 집이 있었지.

와굿재 출신,
그 많던 탑동 아이들은
다 어디 갔나.

미망

- 제라늄

눈빛만 마주쳐도
이름만 들어도
내 눈시울이 뜨거워지지

마음이 숙연해지고
가슴이 뭉클해진다고,
이순의 강이 코앞인데도

초등학교 4학년 겨울방학 때
담임선생님이 맡긴,
셋방 마루에서
겨울을 못 이긴 제라늄

해와 달,
별들의 위로도
내 영혼의 어깨가
들썩이는 걸 못 막았지

웃음엣소리

– 김현장과 윤한봉

드러누운 소가 아니라
엎드린 소인 강진이
통큰치킨이 아니라
통큰사내 둘 낳았지

월간 대화에
'무등산 타잔과 인간 박흥순' 을
르포로 터트린 김현장은
부미방사건의 배후조종혐의자이지

1981년 미국으로 밀항, 민족학교와
재미한국청년연합으로
조국의 민주화에 한몫한 윤한봉은
5·18 마지막 수배자이지

구강포인 강진만을 사이에 두고
주작산과 덕룡산이 천관산과 천태산이
앞뒤에서 지켜주니
통이 클 수밖에

기록은 갱신된다는데
이 두 분보다 통 큰 사내가
앞으로 나올라나,
이미 나왔을라나

이미 나왔다면
그분은 시대의 덕을 본 분이니
언급하기 민망하고
앞으로 나온다면 누구일까

드러누운 소가 아니라
엎드린 소인 강진이
통큰피자가 아니라
통큰사내 둘 낳았지

* 부미방사건 : 부산미국문화원방화사건을 가리킨다. 1982년 3월 18일 최인순(부산대 약대), 김은숙(고신대 신학과), 이미옥(고신대 의대), 김지희(부산여대) 등 부산 지역 대학생들이 '광주항쟁 유혈진압에 미국이

침묵한데 항의'하며 부산미국문화원에 불을 지른 사건이다. 부미방사건의 주모자로 문부식(고신대 신학과), 배후조정혐의자로 김현장(조선대 금속학과)에게 사형이 언도됐고 방화에 직접 가담한 최인순, 김은숙, 이미옥, 김지희에게 중형이 내려졌다. 부미방사건 관련 변호사 중에 나중에 16대 대통령을 지낸 노무현이 있었고, 재판을 담당한 판사 중에 이회창이 있었다.

* 김현장(1950～) : 강진 칠량에서 태어났다. 조선대학교 금속학과에 재학 중이던 20대에 '르포라이터'로 이름을 날렸다. 월간 『대화』(1977. 8)에 「무등산 타잔과 인간 박흥순」이란 르포로 철거반원 4명을 살해한 '무등산 타잔 사건'의 이면을 파헤쳐 한국사회에 반향을 일으켰다. 1981년 부산미문화원방화사건 배후조정혐의자로 사형을 언도 받았으나 나중에 무기징역으로 감형되었다. 청주교도소서 7년 복역 후 1989년 출옥하였으나 6개월 만에 이철규군 변사사건을 세상에 알린 죄로 또 다시 감옥에 들어가 1993년 석방됐다. 그 뒤 일본 동경대서 석사과정을 마치고 돌아와 사업을 하고 있다. 저서로 『빈첸시오, 살아서 증언하라』가 있다. 다음은 부미방사건으로 사형선고를 받은 김현장씨의 최후 진술문 중 일부이다.

– 나는 기도와 묵상 속에서 어렸을 때 본 영화의 마지막 장면을 연상합니다. 나치스에 대항하여 싸우는 프랑스 레지스탕스 운동에 참가한 대학생이 마침내 나치스에 잡혀 형장으로 끌려가는 장면이었습니다. 앞에 가는 사람은 묵주를 손에 들고 묵묵히 묵상하며 갑니다. 그런데 바로 그 뒤에 오는 사람은 "나는 아무 일도 안했다"고 계속 투덜거립니다. 이때 앞에 가던 사람이 뒤에 가는 사람을 향하여, 바로 당신이 아무 일도 안했기 때문에 우리는 모두 죽음으로 끌려가는 것이고 또한 죽어야 하는 것이라고 말했습니다.

– 오늘 우리들이 받고 있는 이 재판을 강 건너 불을 보듯이 생각하는 사

람들은 들으십시오. 오늘 우리를 처단하는 국가보안법이라는 악법이 내일은 당신과 당신의 자식을 국가보안법위반으로 몰아 재판할 것입니다. 이 사실을 똑바로 기억하십시오.

– 나는 로마서 12장 21절 "악에게 굴복하지 말고 선으로써 악을 이겨 내십시오"라는 한 구절을 묵상하면서 나에게 주어지는 길을 천주님과 함께 갈 것입니다.

* 윤한봉(1947 ~ 2007) : 강진 칠량에서 태어났다. 1980년 5월 지역 학생운동세력의 주모자로 수배되었다. 1981년 4월 화물선 레오파드호에 숨어 35일을 연명해 미국으로 밀항했다. 미국에서 민족학교와 재미한국청년연합 등을 결성해 조국의 민주화운동에 기여하였다. 1993년 5·18 마지막 수배자로 해제되어 귀국했다. 귀국 이후 5·18기념재단 설립을 주도하였으며 민족미래연구소장과 들불야학기념사업회장을 맡았지만 정작 본인의 피해 보상은 거부했다.

웃음엣소리

– 동원산업

고등학교 다닐 때
고등학교 국어 교과서에서
'거센 파도를 헤치며' 인가
일기문으로 만났지

이 별이 일생을 두고
가슴에 무슨 꿈을 꾸었는가
그 당시 생각을 못 했는데
바로 장보고여

해상왕 너머
해신 장보고를
이 별이 꿈꾼 것을
어린 내가 알 턱이 없었지

수여 받은 훈장과 상을 보면
해상왕은 이미 이루었고
해신의 경지에는

어느 정도 다다랐는지

탐진강 가에서
보리피리 불던 이 별이
물수제비뜨던 이 별이
바다를 평정하다니

* 동원산업 : 강진 군동 출신의 김재철이 창업한 회사이다. 무역협회장을 역임한 김재철 회장은 원양업계의 거목으로 현대판 장보고라 불리운다. 동원산업이 우리나라에 기여한 공로와 장학사업은 이루 다 말할 수 없다.

웃음엣소리

– 아남산업

'자라부리 솔밭에서 소나무들이 하는 말' 로
이미 만났기에
그냥 넘어가려 했는데
그래도 다시 또 한 번

국내 최초로 반도체사업에 착수하여
금탑산업훈장을 수상하고
최초로 전자손목시계도
개발 시판했다며

IMF 파고에
기업 구조조정, 법정관리로
휘청거렸지만
그룹 구조조정으로 안정을 찾았어야

아남인스트루먼트, 아남정보기술,
아남전자를 비롯하여
열두 개의 기업이 있다지,

십이사도처럼

궁금한 것이 더 있으면
자라부리 솔밭의
소나무들에게 물어보면 그냥 들려줄 거여,
내가 모르는 것도 다

* 아남산업 : 전남 강진 출신의 김향수가 1956년에 창업한 회사이다. IMF 금융체제 아래 어려움을 겪었으나 한때 반도체와 시계로 우리나라 수출에 지대한 공헌을 하기도 하였다.

* 자라부리 솔밭에서 소나무들이 하는 말 : 『내 마음의 적소, 농암』이란 나의 시조집에 실린 시의 제목이다.

웃음엣소리

– 영동농장

자랑스러운 한국인 너머
자랑스러운 세계인이지
배추 팔아 한세상 이루었다면
사람들은 무슨 생각을 할까

배추 밭떼기하여
돈 번 중매인 말고
사막에다 배추 심어
한세상 이루었단 말이여

전교 1등이 월사금 문제 못 풀어
시험보다 쫓겨났지
그때 쫓겨나지 않았더라면
오늘의 영동농장 태어났을까

미군부대 하우스 보이 출신의
서바이벌 잉글리시가
베트남을 감동시키고

열사의 사막을 감동시킨 거여

바른 말은 해도
제 살점 떼어내 주는 별들은
드믄 세상에
인재들 키워내는 것은 또 어떻고

저 푸른 물결 넘실거리는
저 들판이 다 누구 것이여
월사금 문세 못 풀어
시험보다 쫓겨난 개밥바라기 용복이 거라고

* 영동농장 : 강진 군동 출신 김용복이 세운 농장이다. 녹색혁명의 기수라 불리는 김용복 회장은 '한사랑농촌문화재단'의 이사장이기도 하다.

웃음엣소리

– 진화섬유

나의 슬픔과 서러움은
진화섬유에 비하면
새 발의 피지

내가 집 나와 충혼탑 자갈밭에서
경찰서 뒤 풀밭에서
잠을 청한 것은
한여름이었지만

진화섬유가 장춘단공원의
떡갈나무 이불과 요를
잠자리 삼은 것은
눈 내리는 겨울이었으니

내가
강진에서 마량까지 걸은 것은
초승달이 지켜보는
가운데였지만

진화섬유가
영산포에서 영암 거쳐
신전까지 걸은 것은
눈발과 함께였으니

나의 슬픔과 서러움은
진화섬유에 비하면
유식한 말로
조족지혈이리고

* 진화섬유 : 강진 신전 출신 김정렬이 창업한 회사이다. 재경강진군 향우회 회장이기도 한 김정렬 회장은 무에서 유를 창조한 입지전적 인물로 기부천사로 유명하다. 이 시는 한국인물연구원이 편한 『한국현대인물 33선』을 참고하였다.

웃음엣소리

– 해원산업

세상에 눈을 뜨기 전에
비래도와 이야기 주고받으며
가우도와 이야기 주고받으며
백사, 바닷가에서 청잣빛 꿈을 키웠지

세상에 눈을 뜬 뒤에
주작산과 덕룡산을
큰바위얼굴 삼아
꿈을 실현하려 대처로 떠났지

오대양 육대주를 헤치고 다닐 때면
주작산이 덕룡산이
이끌어주니
두려울 게 하나 없었지

더더욱 천관산이, 천태산이
얼굴 내밀지 않고
등 뒤에서 밀어주니

이 별이 못 이룰 게 없었지

* 해원산업 : 강진 대구 출신 황택기가 창립한 회사이다. 선박기자재를 생산하고 있는 이 회사는 영암 삼호읍 나불도에 소재하고 있다. 황택기 대표 이사는 지식경제부 대불 자유무역 지역협의회 회장을 맡고 있다

웃음엣소리

– 돌담에 속삭이는 햇살같이

돌담하면 햇살,
햇살하면 돌담이 떠오르는 건
'돌담에 속삭이는 햇살같이' 가
유명하기 때문이지
그건 그렇다 치고
햇살은 돌담에 무어라 속삭이나
햇살이 돌담에 속삭이는 말을
알아들을 수 없으니
사랑한다, 사랑한다 함께 떠나자며
구애하는 것을
내가 영 알아들을 수 없는 건지
햇살이 돌담에게 속삭이는 말을
누군가가 알아들으면
금방 소문나지
소문에 시달린 햇살은 남세스러워
더 이상 돌담에 속삭이지 않지
더 이상 속삭일 필요가 없는 햇살은
먼 걸음을 할 필요가 없지

그러다 보면 곧바로
또 한 차례 빙하기가 시작 되겠지
햇살이 돌담에 속삭이면
그저 그런가보다 생각할 일이지
무얼 꼬치꼬치 캐려고 생각하지 말아야지
이건 웃을 일이 아니지
인류 생존의 문제라고

웃음엣소리

– 팽나무와 나

어디론가 떠나간
연방죽 가에 똬리 튼
팽나무와 나 사이에는
이상한 버릇이 있지

팽나무의 머릿속에는
꼭 구백화물 경조 친구 재석이,
내 머릿속에는
김남식 씨가 관리자인
우체국 앞 팽나무

군대 가기 전에도
군대 갔다 온 뒤에도

고향 떠난 뒤에도
고향 돌아온 뒤에도

팽나무의 머릿속에는

꼭 구백화물 경조 친구 재석이,
내 머릿속에는
김남식 씨가 관리자인
우체국 앞 팽나무

지금은 사라진
연방죽 가에 똬리 튼
팽나무와 나 사이에는
이상한 습관이 있지

* 연방죽 : 강진군립도서관 자리가 원래 방죽이었다.
* 구백(정기)화물 : 강진군립도서관 옆에 구백정기화물이 있었다.

웃음엣소리

– 남성리 팽나무의 눈빛 전언

울 아부지는 성동리 은행나무이고
울 엄니는 사당리 푸조나무여
누구든 내 말을 들으면
이목구비, 닮은 데가 하나도 없다고
사기치지 말라고 구시렁거리겠지
전설의 나무인 울 아부지와 울 엄니가
어떻게 만나 어떻게 나를 낳고
어떻게 헤어졌는지
너무 어린 시절이라
나는 모르지만
그 두 분이 부모인 건 사실이여
나를 길러 준 연방죽이
세상을 떠날 때
나의 탄생의 비밀을 알려주었지
울 엄니 푸조나무가 나를 낳자
울 아부지 은행나무가 나를 보고
자신을 닮은 데가 하나도 없다고
세상에 이런 일이 어디 있냐며
잠시 키우다가

나를 蓮방죽에 입양시켰다지
세상엔 돌연변이도 있는 것을
성령으로 잉태할 수도 있는 것을
은행나무와 푸조나무가 만나면
은행나무도 푸조나무도 아닌 것이
태어날 게 분명하거늘
어려서는 닮은 데가 안 보여도
크면 닮은 데가 보이거늘
성질 급한 울 아부지가
울 엄니를 믿지 못하고 헤어진 거여
너무 오래 전 일이라
울 아부지 은행나무도
울 엄니 푸조나무도
잘 떠오르지 않지만
연방죽이 세상을 떠나면서
내게 친부모를 알려 준 거여
울 아부지, 울 엄니가 전설의 나무이니
나의 탄생도
전설일 수밖에

웃음엣소리

– 강진만 갈대

가만있으면
갈대가 아니고
가만있지 않아야
갈대인 걸

몸으로 보고,
몸으로 듣고,
몸으로 말하고,
몸으로 냄새 맡고

이렇게
몸으로 하는 일이
많으니,
가만있을 수 없지

몸은 갯벌에 붙들려 있어도
갈대들의 영혼이
들랑날랑하니

한시도 가만있을 수가 없다고

묵은 갈대들이 하는 일을
어린 갈대들이
그대로 따라하니
매사에 신중해야 하거늘

가만있으면
갈대가 아니고
가만있지 않아야
갈대인 걸

웃음엣소리

– 의문사한 고니

철새도래지, 갯벌의 변사체가
고니여야

육하원칙에 의해
고니의 사인을 규명하고 싶으나
고니가, 강진만 갯벌에서
의문사를 하였다는 것 이외에는
의문부호인 걸

내 눈빛과 마주친 고니 변사체에
죽섬의 멱살이라도 쥐고 싶으나
자책하듯
고개 숙이는 죽섬을
다그쳐 무얼 하리

고니의 직접적인 사인이
독극물인지,
우울증인지
모르는 상황에서

등잔 밑이 어둡다지만
달빛슈퍼는
또 뭣하고 있었는지
아예 입을 봉하고,
귀를 막는 것 봐

코난 도일을 고용하는 일도,
국립과학 수사연구소에
의뢰하는 일도
내 권한 너머이니
군청 문화관광팀에
신고할 수밖에

손사래 치며 달아나는
강진만 앞바다의 등덜미를
붙들어도
답이 안 나오는 것을,
내 눈빛이 달려가

웃음엣소리

– 표사

『만경루에 기대어』 표사 부탁하러
백련사에 갔더니
토굴에서 한 며칠 쉬었다 가려면
쉬었다 가라데

세이레
뒤

부탁한 표사 받으러
백련사에 갔더니
선방에서 한 며칠 쉬었다 가려면
쉬었다 가라데

부탁하러 갈 때도
받으러 갈 때도
쉬었다 가려면 쉬었다 가라고만 하고,
표사는 안 내미니

조주가
돌아왔구나,
개명을
하고

웃음엣소리

– 낮잠

진달래꽃으로 몸을 장식한
보은산과 만덕산이
이야기를 주고받기에
무슨 이야기 주고받나
귀 기울이니
금릉팔경 이야기하고 있어야
어깨가 건장한 만덕산이 먼저
옛날에는 금릉팔경하면
머리에 팍팍 떠올랐는데
요즘은 잘 생각이 안 난다나
순하디순한 보은산이
자기도 옛날 같지 않지만
한 번 외워보겠다고 해야
고암모종高庵暮鐘,
금사효무金沙曉霧,
금강명탄錦江鳴灘,
구강어화九江漁火,
만덕청람萬德晴嵐

다 끝맺지 못하고 얼버무려야
서산낙조瑞山落照,
파산제월琶山霽月,
죽도귀범竹島歸帆
만덕산이 뒤를 마무리 해 줘야
백지장도 맞들면 낫다더니
보은산과 만덕산이 함께하니
금릉팔경 바로 나와 부러야

* 금릉팔경(金陵八景) : 경회(景晦) 김영근(金永根) 시인이 쓴 한시의 제목이다.

웃음엣소리

– 달맞이마을

밤이면
달을 순산하는

화승조천의
월출산 맛보다 눠 나면

떡메 맛도
보고

시루 콩나물 맛도
보고

맛보고 싶은 것
주문만 하면

내 가슴에서
다 맛 볼 수 있어야

이것,
저것 맛보다

뉘 나
돌아가는 길에

무위사 맛도
보고

다산 유배길 맛도
보고

* 화승조천(火乘朝天) : 아침 하늘에 불꽃처럼 기를 내뿜는 기상이라는 뜻으로 이중환의 '택리지'에 나오는 말이다.

웃음엣소리

– 한벽당문학사상연구소

젊은 날 가우도에게
밀물과 썰물에 대한 연구로
대통령상을 안겨준
한벽당문학사상연구소는
교육행정의 달인이지
그걸 사장시키기가 너무 아까워
본의 아니게
도의원 교육분과에 진출했지
독립운동가이자 서예가인
월파 김재현 선생이 외숙이니
그 정신의 뿌리가 만만치 않지
외숙의 명예를 추락시키는 일은
죽어도 하지 않지
더불어 주어진 일들을
조상의 이름을 걸고 하니
하찮은 일도
어물쩍어물쩍 넘기는 일은
한벽당문학사상연구소의

사전에는 없지
사리가 분명하니
실수하면 실수했다 시인하고
아닌 것은 아니다라고
분명히 말하지

웃음엣소리

– 금릉팔경의 옛시인들

요니의 바다,
튼튼한 자궁을 자랑하는 강진에
영랑, 현구만 둥지 튼 줄 알고 있으니
한심스러운 일이지
가까이는 영랑, 현구지만
멀리는 다산의 유중제생, 황상 치원이지
일속산방에 똬리 튼 치원의 시를
추사가 금세무차작今世無借作이라 일컬었지
명발당의 다산 외손자 방산 윤종기는
뭐라 일컬어야 하나
경학과 시의 달인인 다산의 피가
전신에 흐르고 있는 것을
조선실학의 메디치가
윤단의 후손들은 어떻고
'삼동에 베옷 입고' 해암 김응정은
한벽당선생문집寒碧堂先生文集 낳은
곽기수郭期壽 선생은
어디 딴 동네 사람인가

읊었다하면 머릿속에 바로 팝업 되는
금릉팔경 낳은
경회 김영근景晦 金永根 시인은
또 어떻고
지필묵으로 한바탕 제주에서 놀다온
청산남유록晴山南遊錄 낳은
고사골 윤종환尹鍾煥 어르신은
강진 사람 아닌가
자궁이 튼튼한 강진에
영랑, 현구만 농시 튼 줄 알고 있는 사람들은
반성해야지
우리가 모르니까 그러지
뒤져보면 또 있을 거여

웃음엣소리

– 투전의 달인

일제강점기 때 강진에
노름으로 일가를 이룬 분이 있었다더라
그분은 투전의 달인이었는데
투전 중에서도 돌려대기로
가문의 영광을 이루었다더라
돌려대기는 오늘날의 갑오잡기인데
원하기만 하면 장땡, 아니면 구땡
적어도 여덟 끗 이상이었으니
돈을 긁어모을 수밖에
손에 눈이 달린 듯
노름이 무르익은
결정적인 순간에 끗수를 올렸다지
노름이란 게 민첩한 손놀림으로
상대를 속이는 건데
사과궤짝 안에 투전을 넣어두고
손을 넣어 두 장씩 가져가도록 했으니
다들 외수없는 공정한 게임이라 믿었겠지
투전의 달인이 된 비결이 뭔가 했더니

투전의 구자와 장자에 밥풀을 먹여
손맛이 다르게 해 놓았던 거지
게다가 노름의 상대가 게다짝이었으니
이보다 더 통쾌할 수가
돈을 잃은 상대가 칼을 들이대면
때맞춰 순사들이 출동해 판돈을 거둬갔다지
무슨 꼼수가 있었을까
나중에 들어보니 경찰서장이
투전의 달인 죽마고우라나
이 말 믿어도 되나,
그 뒷이야기는 상상에 맡겨야지

* 이 이야기는 몇 사람의 입을 거쳐 내가 전해들은 이야기이다. 내용이 변질되었을 수도 있으니 감안하여 읽으시기 바란다.

웃음엣소리

– 강진군청

청사 앞에 향나무가 임종을 했는지,
이사를 했는지
물어보기가 겁이 나는
강진군청이 나만 보면
웃음을 참느라 혼이 난다
언젠가 내가 방문하였을 때
어디서 많이 본 분 같다고 내게
말을 걸어왔을 때 시치미 뗄 것을
내 유년의 추억을 이실직고하였더니
그때부터 나만 보면
웃음을 참는 모습이 얼굴에 역력하다
군청 청사 뒤에서
짤짤이로, 동전치기로 밥때도 잊은
내 유년을 속속들이 기억하게 된
강진군청이 점잖게 있다가도 나만 보면
옛생각이 오버랩 되는지
웃음을 참느라 혼이 난다
나만 그런 것이 아니거늘

군청이 밥줄인 여러 모모들도
주차장 자리 산언덕에서
너빵너빵 전쟁놀이하고
짤짤이와 동전치기의 달인이었던 것을
내 어릴 적 죽마고우들의
사춘기 진입의 통과의례가
짤짤이에 동전치기인 것을
양복 입고 넥타이 차고
가방 들고 방문한 오늘은
나를 보고 씩 웃는다,
나도 씩 웃는다

웃음엣소리

– 합동 시험공부

언제 우리가 공부를 해 봤던가
언제 우리가 숙제를 해 가지고 갔던가
기억이 가물가물한 초등학교 시절을 지나
중학교 1학년 담임선생님인
오창영 선생님이 매로 닦달하는 바람에
이제 공부 좀 해 볼까
맘먹은 중학교 1학년 어느 날
시험공부하자고 여러 놈이
암기의 달인인 나를 찾아왔다
평소에도 엄니, 아부지
새벽과 함께 보부상 가셨다가
저녁과 함께 돌아오시는데
마을 회관 옆집, 심심풀이 땅콩인 우리 집은
친구들의 장기판이요, 바둑판이었으니
야무지게 공부를 해 본 적이 없는
나와 죽마고우들의 합동시험공부는
초저녁에서 늦은 밤까지 계속되었다
남식이, 계원이, 광식이 누가 시작했는지

우리들의 시험공부는
어느새 짤짤이판으로 몸 바뀌었다
한밤중 무슨 빗소리에 잠이 깨셨다는
아버지에게 들통이 나
이 새끼들이 말이여
하라는 공부는 안 하고 말이여
못 된 놈 새끼들이
커서 뭣이 될라고 말이여
그날 나만 아버지에게 두드려 맞고
다른 친구들은 벌을 섰다
그 일이 있은 뒤에 반성은 저리 가라고
나만 보면 '말이여, 말이여' 하고
죽마고우들이 날뛰는 것이었다,
잡렬이 새끼들이 말이여

웃음엣소리

– 모모탕

부잡하다는 말이 뭔 말인가
국어사전에게 물어보니
'사람됨이 성실하지 못하고
경망스러우며 추잡하다' 고 가르쳐 주네
이럴 경우에도 부잡하다고 해야 하는지
남들은 학교에 몸을 맡기고
공부에 매달리는데
학교도 안 가고
지그끼리 모모탕에 가서
엉뚱한 공부하는 놈들 있었지
남탕 여탕을 높은 담으로 갈라놓은
목욕탕 점거하고
돌아가며 서로 무등을 태워
여자란 무엇인가를
연구하는 놈들이 있었지
그게 어디 가능한 일이냐 하겠지만
목욕탕 불 돌보는 아이가
초등학교 동창이었으니

무등 태울 것도 없이 한 수 더 떠
여탕 뒷문에 보일락말락하게
구멍 뚫어 놓고
손장난으로 공부를 대신한 거지
세상에 비밀이 없는 거여
사십 년도 더 전 일이나
이럴 때 부잡하단 말을 써도 되는지
아니 이럴 때는 느자구 없는
새끼들이라 해야 맞다고
그 새끼들 다 내 진구들인디

* 느자구 없는: '싹아지 없다'는 뜻의 전라도 방언이다.

웃음엣소리

– 일찍 까진 아이들

동창생들 중에는
일찍 까진 아이들이 있었다
사내이거나 계집이거나
하라는 공부는 안 하고
연애질이나 하고 다니는
아이들을 두고
일찍 까졌다고들 했다
좋게 말하면 성에 대하여
일직 깨우쳤다는 말일 것이다
아침이면 학교 화장실에서
지난밤에 그 짓했다고
거시기를 자랑삼아
내보여주는 놈들마저 있었으니
그놈들은 진짜로 까진 놈들이었다
사귀는 사내, 계집 불러내는 신호가
자기 이름 부르며 지나가는 것이었으니
부모들은 알고도 눈감아 주었는지
눈치 채고 못 나가게 붙들었다면

몸살이 났을 것이다
심지어 머리까지 잘라
바깥출입을 금한 부모도 있었던 세상이니
스마트폰이 판치는 세상에
자기 이름 부르며 계집, 사내
불러내는 세상은 아니나
내 사춘기의 우리 집 앞을 지나며
제 이름 부르고 지나간 여학생이 없었던 게
오히려 부끄럽다,
나도 한 번쯤은 까셨어야 했는데

웃음엣소리

– 이승엽

눈 덮힌
주작산과 덕룡산이
오늘은 국민타자 이승엽이
이야기로 추위를 달래고 있어야

올겨울에 이승엽이
일본에서 다시 삼성으로 돌아왔다며
앞으로 활약이 기대된다며
시간 가는 줄도 모르고
둘이서 이야기를 나누고 있어야

이승엽 팬 카페에 가입하고 싶은데
자기들은 주민등록번호가 없어
실명확인이 안 돼
가입할 수 없다며 불만도 토해야

경상도 대구에서, 서해 바다 건너 북경에서
현해탄 건너 일본에서

진기명기 다 보여준 이승엽이
한때 부상으로 부진했지만
자기들이 뒤에서 밀어주니
그까짓 것 아무 것도 아니다며

주작산과 덕룡산의 정기를
한 몸에 지닌 이가
이승엽이라고 소문만 들었는데
오늘은 내 두 눈으로
내 두 귀로 확인한 날이어야

웃음엣소리

– 동문매반가 주모, 을미

동문매반가가 가슴에 달고 있는
조롱박꽃도
조롱박꽃이지만
주모 미모 한 번 끝내줘야

에스라인 몸매에
꾀꼬리도 기가 죽을 저 목소리에
애간장 녹지 않을 사람
몇이나 되랴

사의재에 경학과 저술로
슬픔을 물리치고 계시는
열수 선생님 딴 맘먹을까
겁나야

낮에는 사람들 발길이 무성하고
저문 뒤에는
초저녁에 문 걸어 잠그고

귀가하니 다행이여

동문매반가가 가슴에 달고 있는
조롱박꽃도
조롱박꽃이지만
주모 미모 한 번 끝내줘야

웃음엣소리

– 청광한문학원

다산이 유배 왔던 시절에
내가 강진에 태어난 소년이었더라면
그랬더라면 나도
다산의 읍중 제자가 되어
치원 황상이나 학림 이학래처럼
일가를 이루지 못하더라도
어디 다 이름자는 올렸을 텐데
육이오 전후에 귀빠져
부모님이 방목한 연유로
이렇다 할 업적을 이루지 못하고
이날 이때까지 헤매고 있는 거지
다행히 지금 강진에
낙천 윤재찬 선생님에게 올인한
청광 선생님 계시는데
청광 선생님의 바통은 누가 받을런지
사의재를 대신한 청광한문학원에
우물에 도르래처럼
오르락내리락하는 읍중 제자들은

생각의 깊이가 얼마나 되는지
공부에도 때가 있는 법이여
이순을 앞둔 내가
강진에 돌아간다 하여도
기본이 전혀 안 되어 있으니
뒤늦게 삼근계 가슴에 새겨도
그들을 따라잡을 수는 없지
나는 수강신청은 못하고
청광 선생님 양해 구해
청강이나 할 수밖에

웃음엣소리

– 남포깡다리

초등학교 시절 남포에서 다니는 애들을
남포깡다리라 불렀는디
그 깡다리가 알고 보니
조기 잔 것을 일컫는 말이어야
사실 남포, 우리가 우습게 알지만
보통 남포가 아니지
가까이는 일제강점기 때
독립 운동가들을 낳은 곳이고
멀리는 조선의 강진만의
일명 성자포인
남당포는 병영의 외창이었지
다산의 소실이 남당포댁인 것을 보면
다산도 이 포구로 마실 나와
주막에서 몇 잔 들이키고 갔을 거여
광주 동구청의 대들보인
초등학교 동창생 옥선이만 생각해도
남포깡다리들이 얼마나 야무지고 당찬지,
창범이와 태형이만 보더라도

얼마나 의리 있는 지 알 수 있지
남포 앞바다에 갈대들처럼
어김없이 찾아오는 고니 떼처럼
마을 사람들 똘똘 뭉쳐
강진 삼일 만세 운동의 주역이 되었지
남포 깡다리 보통 깡다리가 아니여
남포 깡다리가 제대로 자라면
서해 바다가 황금빛으로 물들어
골드 러쉬가 시작되니

웃음엣소리

– 목리

목리하면
목리 이장하지 옴천 면장하지 않는다는
말로 이름이 나 있지
내게는 목리하면
몽니쟁이들이 사는 마을로 여겨지는 건
연화동 외갓집 가는 길에
목리 아이들에게 시달림 당해서지
목리 아이들 여름이면
목리 다리 근처에서 세월 보내는데
다른 동네 아이들과 생각의 깊이가 다르지
다른 동네 아이들 버버리깎음 허락 받아
시끄테 가서 멱 감으며
때론 피리병으로 재미 보는 수준인데
목리 아이들 목리 다리에서
간밤에 별들이 놀다가
아침에 서둘러 간 탐진강에 뛰어 들고
낚시하고 그물질하지
민물고기 대 바다고기인 샘이지

내 친구 성환이 형 진환이
목리 다리에서 탐진강에 뛰어들 때
배때기가 먼저 닫았는지
아니면 발이 먼저 닫았는지
너무 오랜 일이어
뭔 소문이 돌긴 돌았는데
목리 지날 때마다 지금도 겁먹는 건
목리 아이들에게 한 번 잡힌 내 유년이
영원히 잡힌 거지

* 목리가 '몽니'로 발음되는 현상은 자음접변이다. 이 시는 목리 사람들이 실제로 몽니쟁이여서가 아니라 시적인 재미를 위해 말장난을 한 것이다. 오해 없기 바란다.
* '목리에는 내 초등학교 친구들 승식이, 영선이, 명진이, 상득이, 연필이, 영진이, 양귀가 살았다.

웃음엣소리

– 해남 계곡이 들려준 이야기

정월 대보름이면 북산 꼭대기에서
막대기와 돌로 무장한
서문과 동문이 맞붙은 전투를 비롯한
내 유년의 추억의 음반을
해남 계곡에게 들려주었지
그 말을 들은
해남 계곡이 깊이 감추어둔
자신의 유년의 추억의 앨범을
내게 펼쳐 보이는데, 내 유년은
해남 계곡의 유년에 비하면 약과더라
그 중에 하나만 내보이면
큰 돌덩이가 안에 든 눈사람을
차도에 세워 놓았다가
차가 급정거를 하면
전투하듯 돌이 든 눈뭉치를
차창에 던졌다니
독일군이 진군하는 길에
레지스탕스가 잠복하여 습격하는 것이

연상이 되지
세상에 이런 일이, 놀란 운전사가
차에서 내려 쫓아오면
계곡은 사방으로 흩어졌다는데
한 번은 남의 집 부엌의 솔가지에 숨었는데
운전사가 코를 씩씩 불고 다녀가더란다
강진 사람 물속으로 삼십리 긴다지만
해남 계곡 사람은
눈속으로 삼십리 긴다 해야지

웃음엣소리
– 강진 서교 감나무

내 중학교 동창 신재우 아버지를
교장으로 모신
강진 서초등학교에
신기한 감나무가 있었지

인천리 방죽 지나
백련사 가다가
서초등학교가 얼굴 좀 보자 해서
들어갔다가 보았지

제 몸은 전기가 통하니
제 몸을 만지거나
제 몸에 오르지 마세요라고
친절하게 푯말까지 해놨데

지금도
그 나무 전기가 통할까
기력이 떨어져

재충전시켜야 되는 거 아니냐

아니면
아이들 감전될까 두려운 어른들이
목숨 걸고
진즉 잘라내 버렸을지도 모르지

웃음엣소리

– 담임선생님들

한 번 해병은 영원한 해병이듯이
한 번 담임은 영원한 담임이지

뭘 모르는 초등학교 시절

1학년 담임은 김경희 선생님
2학년 담임은 김영애 선생님
3학년 담임은 오진영 선생님
4학년 담임은 박성주 선생님
5학년 담임은 박만필 선생님
6학년 담임은 오희석 선생님

뭘 좀 아는 중학교 시절

1학년 담임은 오창영 선생님
2학년 담임은 오구석 선생님
3학년 담임은
처음에 김오련 선생님

나중에 박자영 선생님

뭘 상당히 아는 고등학교 시절

1학년 담임은 박성팔 선생님
2학년 담임은 오병균 선생님
휴학했다 복학했을 때
처음에 오창영 선생님
나중에 정두만 선생님
3학년 담임은 박자경 선생님

한 번 은사는 영원한 은사이듯이
한 번 제자는 영원한 제자이지

웃음엣소리

– 교가

우두봉과
탐진강 생각하면 저절로 떠오르지
생각이 잘 안 떠오르면
눈 감으면 더 잘 떠오르지

– 우두봉 뻗어올라 반공에 솟고
유구한 탐진강이 흐르는 이곳
철따라 고운 숲이 우거진 속에
자유와 향상의 길 배우는 동산
꿈에도 잊지 못할 우리의 모교
그 이름 아름답다 우리 중앙교
중앙교 중앙교 중앙교 중앙교
아 우리 중앙교

우두봉과
구강포 생각하면 저절로 떠오르지
생각이 잘 안 떠오르면
눈 감으면 더 잘 떠오르지

– 우두영봉 서린 기상 핑경등에 일고
구강포 맑은 물이 우리를 벗해
성스러운 진리의 샘 여기에 솟고
슬기 덕성 억센 몸을 갈고 닦으니
이곳이 우리들의 배움의 전당
이곳이 우리들의 강진중학교

* 반공 : 그리 높지 않은 공중

웃음엣소리

– 방구쟁이

옛날 옛적에
도강과 탐진이 의기투합하여
강진이 되기 전에
전무후무한 방구쟁이가 있었데

조선의 시작과 끝인
남당포에 산 이 사람은
방구 때문에 어부가 될 수 없어
농사꾼이 되었데

방구에 관한 한 달인인
이 방구쟁이는
방구의 진기록이란 기록은
다 가지고 있었데

방구 냄새가 어찌나 지독하던지
바다를 향해 방구를 끼면
죽섬이 가우도가
코를 움켜쥐었데

방구가 어찌나 셌던지
죽섬과 가우도가
저만치 물러나버렸데,
옛날엔 가까이 있었던 모양이여

방구 소리가 어찌나 컸던지
죽도와 가우도가
대책 없이 있다가
고막이 터져부렀데

더불어 맘만 먹으면
발걸음 옮길 때마다
그러니까 아무 때나
방구를 뀔 수 있는 기술을 가졌데

이 이야기는
남당포 사람들은 동네 우세시킨다고
다들 비밀로 하는 이야기지,
남당포 갈대들의 눈빛 전언이라고

웃음엣소리

– 별명

시의 생명이 은유인데
알고 보니
별명이 은유잖아

Wallace Stevens가
시인이 시인인 것은
은유의 영역에서라 했지

은유가
멀리 있는 것이 아니라
가까이 있는 것을

꼬꾸리
빡새
촉새
빤뿌리
왕눈이
딴또

안단이
개똥이

처음에는
터부시 되는 인간들에게
붙인 이름이
바로 은유였지

늑대와 함께 춤을,
주먹 쥐고 일어서,
열 마리의 곰

별명을 붙일 수 있으면
다 시인인 것을

웃음엣소리

– 고성골 방죽

사람은 나이 들면
눈도 멀고, 귀도 멀고
기억도 지워지건만
저 고성골 방죽은
눈은 더 초롱초롱해지고
귀는 더 밝아지고
기억은 더 새로워지는가
모른 척 해 주면 좋을 건만
기꺼이 아는 척을 하니
허우적거리며
자기 가슴을 왕복한 것은
물론이고, 어느 틈에 봤는지
내 고추 옆에 점 있는 것까지
기억하니
암잠자리 실에 묶어
수컷 잡는 재미에 퐁 빠진 것은
말할 것도 없고
오늘은 갈대밭에 다리까지

장식해 놓고
우월 유전자인 자신의 외모를
자랑하잖아
보기 싫게 크지도 않고
보기 싫게 적지도 않은
저 고성골 방죽
나의 유년을
속속들이 꿰고 있는

웃음엣소리

– 해월루海月樓

모든 것을 다 내려놓은
동안거중인
만경루 앞마당의 백일홍마저
나의 뒤를 밟으니

남들보다
세상에 먼저 눈을 뜬
동백 꽃봉오리들도
나의 뒤를 저만치서 따라오니

발자국 소리 죽이면
누가 모를 줄 알고
대웅보전 벽화 소 찾던 동자도
내 발자국을 쫓느니

능청스러운 저것들을
따돌릴 수 있는 방법은 없나,
해월루에게

의지하는 수밖에

해월루에 올라
강진만에 마음을 주어버리면
해와 낮달과 바다에
마음을 온통 주어버리면

저것들이
마음을 돌릴 수밖에 없겠지
내 마음이 강진만에
퐁 빠져 나오지 않으면

웃음엣소리

– 귤동 민박

눈 오는 날을 골라
다산초당에서 백련사 오솔길 맛을
단단히 본 뒤에
다산명가에 몸을 맡겼지
내 코고는 소리에 내가 놀라
몇 차례 깬 적이 있는 나는
늦게 잠을 청했지
내 코고는 소리가 귤동 마을을
들었다 놓았다 하면
먼저 잠이 든 이들은
군말이 없으나
늦게 잠이 든 이들은
투덜대는 것으로 양이 안차
나의 코를 쥐어박으리라는
두려움 때문이었지
눈은 대지를 완벽하게 도배하여도
소리를 죽이진 못하지
밤이 깊어

가까스로 잠을 붙였는데
어딘가에서 시위하듯
경세치용, 경세치용
귤동 마을이 코를 고는 것 있지
머지않아 동암이, 서암이
내 방에 몰래 들어와
내 곁에 누워 코를 고는 거 있지
실사구시, 실사구시
밤새 엎치락뒤치락하다
잠에서 깨어보니
동암, 서암은 이미 달아나고 없더라고,
아직도 눈은 도배일 마치지 않고

웃음엣소리

– 명발당의 밤

감각이 예술이다, 강진 아트홀에서
조경만 교수의 강의에 취한
페이스 북으로 만난 벗들
기러기 떼가 날아와 밭에 앉듯이
모두 명발당에 날아와
그동안 못 나눈 이야기를 나눈다
개다리소반에 막걸리 수더분한 안주
미나리 낙지무침 냄새 맡은
뒤란의 나무들이 뭐라, 뭐라 속삭여도
그냥 내버려둘 수밖에
기러기 떼처럼 줄지어
함께 가지는 못하더라도
더불어 살자는 게 지상의 과제이니
뒤란의 나무들도 분명 할 말이 있지
사라져 가는 강진만 갈대밭에
사라진 땅끝 가는 길에
일담 스님이 울분을 토하는데
그걸 엿들은 뒤란의 나무들이

나를 불러내 터놓고 말하는 것을
실존은 본질에 앞선다고
감각이 예술인 줄을 알지만
곡선인 산길을 버리고
직선인 터널을 택한 것은
바로 우리들이라고
뒤란의 나무들 말을 그대로 전하기가
부담스러운 밤, 명발당은
막걸리에 휘청거리고

웃음엣소리

– 모란다방, 다산다방

증발한 강진 극장 아래
사거리 금방 옆 지하실에 피어 있던
문 열고 들어서면
'모란이 피기까지' 란 시가
우리를 맞이한
모란다방 어디 갔나

– 가긴 어디 가냐
오월 어느 날
그 하루 무덥던 날
떨어져 누운 꽃잎과 함께
사라졌지

조제약국 앞 삼거리에 유배를 와서도
생각은 마땅히 맑아야 하고,
용모는 마땅히 엄숙해야 하고,
언어는 마땅히 과묵해야 하고,
동작은 마땅히 중후重厚해야 한다고 가르친

다산다방 어디 갔나

– 가긴 어디 가냐
해배되어
아내와 자식이
눈 빠지게 기다리는
고향으로 돌아갔지

웃음엣소리

– 중앙자동차 공업사

강진의 다산통,
청광한문학원의 바통을 받을 이가
누구인가 했더니
중앙자동차 공업사여야
뭔 증거로 그런 소릴 하느냐
증거를 대 봐라 하면
증거를 댈 수 있지
청광한문학원 그림자처럼 수행한 이가
중앙자동차 공업사인 건 말할 것 없고
사학징의 찾아내느라 국회도서관 다 뒤졌지
황사영의 아내 정난주의 무덤까지
황사영의 아들 황경한의 무덤까지
발품 판 것은 말할 것도 없고
조선 식자들의 동경의 대상인
중국 북경 유리창 거리까지 정복했지
자동차수리나 할 일이지
뭔 짓이냐 비아냥거리겠지만
인생도처유상수人生到處有上手 가슴에 새기고

삶의 문제 풀려고
애쓴 것 보면 보통 사람 아니지
강진의 다산통, 청광한문학원의
바통 받을 자격이
중앙자동차 공업사에게 있는 게
분명하지,
이만하면

* 정난주의 무덤은 제주도에 황경한의 무덤은 추자도에 있다.
* 사학징의(邪學懲義) : 신유박해(辛酉迫害, 1801년) 때 포도청(捕盜廳) 및 형조(刑曹)에서 문초와 형벌을 받은 천주교인들의 진술과 판결문 등을 모아 편찬한 책이다. 당시 박해 상황과 더불어 초창기 한국천주교회를 연구하는 데 귀중한 자료이다.
* 인생도처유상수(人生到處有上手) : 인생 도처에 훌륭한 스승이 있다.

웃음엣소리

– 눈 내리는 강진

눈발이 막무가내 달려들어도
벌떡 일어나
털 생각 않고
그대로 있는 것 보면

눈발이 몸뚱일 때려도
벌떡 일어나
외양간으로 들어갈 생각 않고
그대로 있는 것 보면

눈발이 눈썹을 덮어도
눈 하나 끔쩍 않고
그냥 그 자리에서
뭔가를 되새김질하는 것 보면

누런 가죽이
흰 가죽이 되도록
눈발이 달려들어도

전혀 피할 생각 않는 것 보면

하기야
몸을 숨길 외양간이 따로 없으니
엎드려 있는 그곳이
바로 외양간이니

| 해설 |

자연으로서의 문화, 문화로서의 서정시

전동진 시인

1. 강진의 품과 풍격

고향 강진의 요모조모, 이곳저곳을 어루만지듯 더듬는 시인의 시선은 더없이 따사하고 풍요롭다. 그 시선을 고스란히 담고 있는 시편들은 고향을 품고 사는 이들에게 잔잔한 반향을 불러일으키기에 부족함이 없어 보인다. 에밀 슈타이거의 말처럼 사랑이란 것은 느끼고 공감하면 그 뿐, 그것을 증명하는 것만큼 어리석은 것은 없을 것이다. 서정시도 사랑과 같아서 느끼고, 감동하면 그 뿐, 그것을 증명하려는 것은 어리석은 짓임에 분명하다.

어리석기 짝이 없는 일을 앞에 두고 주저하고 있었다.

분석과 해석의 무거움을 어깨에 짊어지고, 시인의 시편에 시학적인 작업을 어떻게 가해야 하나 머뭇거리고 있던 참이다. 그때 시인으로부터 메일이 한 통 왔다.

> 『조롱박꽃 핀 동문매반가』는 정말로 발간해야 할 시집들 한참 뒤 마지막에 쓰여진 시집입니다. 명퇴하여 고향 강진에 돌아갈 생각으로 가장 최근에 한꺼번에 썼습니다. 앞으로 내야 할 시집들에 비해 문학성은 떨어지나 유머와 해학이 있는 시집인 것 같습니다. 고향 강진 사람들이 재미있게 읽을 수 있고 외지인들에게는 강진에 대한 스토리텔링이 될 수 있기를 바라고 있습니다.

뜻밖의 편지로 한결 가벼워졌다. 시학은 학문을 지향한다. 시학적인 작업이라는 것은 시편들을 관통할 수 있는 하나의 논리를 개발하는 것과 다르지 않다. 시집은 강진 앞바다에서 갓 잡아 올린 고기만큼 종류도 다양하고 신선하다. 그런데 비평가가 하나의 논리를 펼치고 여기에 적합한 시편만을 건져 올리는 것은 전문 낚시꾼과 다르지 않다. 그들은 출조할 때 선정한 '대상어'가 아니면 잡어로 취급한다. 도미 낚시를 갔는데 잡힌 농어는 잡어이고, 농어 낚시를 가서 잡은 도미는 역시 잡어가 되는 것이다.

시를 읽을 때, 비평가는 제 입맛으로 읽는 것이 아니라 시에 따라서 제 입맛을 시시때때로 바꿀 수 있어야 한다. 이것이 시학적 읽기가 아닌 문화적 읽기의 출발이다.

2. 자연 그리고 공간성

우리 주변에서 '본래대로인 것' 으로서 자연自然을 찾는 것은 쉽지 않다. 더러 정체가 확인된 원시림 역시 엄격한 관리 아래에서라야 그나마 '원시' 를 유지할 수 있다. 세계 속에서 자연 그대로의 자연을 확인하는 것은 거의 불가능에 가깝다. 그런 자연의 모습, 자연대로의 모습을 그나마 확인할 수 있는 곳이 시의 언어는 아닐까. 그러나 시에서 확인되는 자연은 정체된 것이 아니라 살아 움직이는 자연이다. 인간보다 앞서, 인간의 변화를 견인하는 능동적인 자연이다.

북산 돌담 지나 보은산방 가는 길에
흰 옷 입은 산석이 하나 있지

오며가며 그 산석과 눈 마주치다 보면
삼근계 가슴에 새긴
치원 황상이 생각나지
정약용이 다산이기 진에
열수이었듯이
다산의 읍중 제자 1호인 황상은
치원이기 전에 산석이었지
흰 옷 입은 산석은 산돌이라
시간이 흐르면 커진다 했지
스스로를 감추고
스스로를 무겁게 하는 산석이
자라는 모습이 눈에 띌 리가 있나
지금은 사람들이 마음껏 지나다니도록
제 몸의 일부를 내어준
그 산석과 마주치다 보면
일속산방 유인幽人으로 청복을 누린
치원 황상이 떠오르지
일속산방도로, 정황계첩으로
우리 앞에 다가선
산석, 치원 황상이 있었기에
해배된 다산은

강진이 그리웠던 거지
아예 몸을 감춰버린
일속산방 찾기가 쉽지 않으니
보은산방 가는 길에
흰 옷 입은 산석이라도
만나야지

–「흰 옷 입은 산석山石, 황상」

산석은 영원에 가까운 삶을 살지만 움직이지 못한다. 황상은 산석에 비하면 찰나에 가까운 삶을 살지만 그 변화의 폭은 헤아릴 수 없이 크다. 산석은 황상을 통해 '자라나며', 황상은 '산석'을 통해 영원에 가까운 삶을 살게 된다. 자연은 인간이 깃드는 공간이 되고, 자연은 인간을 통해 역동적인 시간을 경험한다.

사람이나 바위나 길고 짧음에 상관없이 한 편의 생生을 꿈꾼다면, 그 소멸의 완성은 '길'이 되는 것이다. '선생先生'이라는 말도 여기에서 크게 벗어나지 않는다. 먼저 깨우친 이가 걸은 삶의 족적은 '후생後生'들의 길이다. 일상을 짊어진 사람들에게는 이 족적을 좇아 보는 것마저도 힘에 겹다. 그런가 하면 어떤 이는 선생先生의 길이 끝나는 자리에서 새로운 길을 시작하며, 길을 닦는다.

선생의 길이 아니라면 제 몸으로 길이 되는 삶도 있다. 모름지기 작가라고 하는 것은 제 삶이 길이 되어서 오가는 이들의 숱한 사연을 기록하는 자가 아니겠는가. 그 동안 시인들은 오로지 '선생'의 길만을 알고 그 길을 가려고 했다. 반면 작가들은 언어의 층을 두텁게 하는 데 주력해 왔다. 언어에 대한 시인의 역할도 이제 서서히 변하고 있다. 언어는 '산석(산돌)'과 같다. 그 자라남을 포착할 수 있는 것은 시인의 언어뿐이다. 언어의 경계 바깥으로의 무모한 여행 못지않게, 크기를 멈춰버린 산석의 시어들을 돌보는 것도 중요한 시대가 되었다.

3. 문화 그리고 장소성

예술은 스스로를 부정하면서 기어코 한 극단에 서고자 하는 속성이 있다. 시인은 언어 종결자를 꿈꾸고, 화가는 구도와 색의 종결자를 꿈꾼다. 예술과 달리 문화는 스스로를 미결정의 상태로 둔다. 완결된 형태를 지향하지만 기꺼이 다른 것의 일부가 될 준비가 되어 있다. 이런 문화를 통해 어떤 이는 예술에 버금가는 정서적 울림을 얻는다. 또 누군가는 똑같은 것에서 상품의

효용성만을 취하기도 한다. 문화의 다면성은 편재성이나 파편성으로 해석되기도 한다.

사금파리에서 태어나
사금파리와 눈빛을 마주치며 산 소년이
밤마다 사금파리의 꿈을 꾸었지
하늘빛과 조롱박빛이 섞인
눈물을 머금은 사금파리와
눈이 마주칠 때마다
소년은 사금파리에게
헤어진 조각들을 찾아주고 싶었지
소년이 밤마다 퍼즐을 맞추듯
사금파리를 꿰매고 꿰매니
우둘투둘한 조랑박 모양의
항아리가 태어났지
밤마다 소년은 꿈속에서
헤어진 조각들을 맞추고 맞추었지
항아리에는 학이 날고
항아리에는 꽃이 피어났지
소년은 잠이 깨면
날아가 버린 학과 사라진 꽃들을 만나러

사당리 들판에 흩어진
사금파리들을 모으고 모았지
그러면 어느 날 사금파리가
불과 물과, 바람과 흙이
가르쳐 주지 않은
유약의 비밀을 가르쳐 주었지

— 「동흔요東欣窯」

한 개인의 삶을 조각, 조각의 사금파리를 통해 형상하고 있다. 그러나 이 사금파리는 과거의 완성체로부터 쪼개져 나온 '이후의' 잔여물이 더 이상 아니다. 이것은 어떤 새로운 완성체를 예비하는 '이전의' 아르케에 해당한다. '소년이 밤마다 퍼즐을 맞추듯 / 사금파리를 꿰매고 꿰매니' '항아리가 태어' 난다. 이 항아리는 현실에서와 같이 단번에 완성된 형태로 태어난 것이 아니다. '산돌' 처럼 자라면서 '우둘투둘' 을 지우고 매끄러운 항아리로 완성된 것이다. 사람이 그렇듯이 태어난 항아리는 지금도 무럭무럭 자라고 있는 것이다.

이러한 역전이 가능한 것은 지금이 예술이나 공예의 시대가 아니라 문화의 시대이기 때문이다. 마르크스의

'모든 것은 대기 속에 녹아든다' 라는 전언은 족히 한 세기를 훨씬 넘겨 회자되고 풍미되었다. 지난 세기의 '대기' 가 '자본' 이었다면, 지금 그리고 앞으로도 한참은 '문화' 라는 것에 토를 달 사람은 드물 것이다. 역사 역시 현재에 호출되면서, 사실과 진실에 상상을 가미하면서 새로운 효과의 발현을 예비하고 있다.

다산초당에서
명발당 가는 길 사이에
없는 듯이 있지
신유사옥으로 올데갈데없는
만천의 아들 이택규를
온몸으로 안아 주고
다산의 슬픔 퇴치법을 전수시켰다니
서학이라는 불똥에
남도 끝자락까지 쫓긴 사나이들
다산의 슬픔이 더 컸는지
이택규의 슬픔이 더 컸는지
서로의 슬픔을 나누려
외삼촌과 조카가 만났을 때
슬픔이 줄어들었는지,

슬픔이 배가 되었는지
알 수 없으나
못 말리는 집안이지
경학으로 슬픔을 날낸 것 보면
절망 속에서도
만고에 빛나는 길을 걸은 것 보면
조선 첫 세례자
만천의 아들 이택규를
껴안아 주었다니

–「고사골」

역사는 주로 주동인물만을 기억한다. 그 인물을 둘러싸고 있는 사람들에게 남겨진 것은 역사적 고뇌가 아니라 인간적 고뇌, 삶의 고뇌이다. 그래서 그늘에게 필요한 것은 일상인의 것이지 역사인에게 필요한 소명의식 같은 것이 아니다. 현실을 사는 사람들에게 절실한 것은 역사의식이 아니라 '슬픔 퇴치법' 같은 것이다. 역사적인 관점에서라면 '만천 이승훈' 의 삶이 조명받는 것이 당연하다. 문화적인 관점에서라면 역사가 놓치고 간, 그 주위에서 진동하는 삶을 살았던 사람들의 삶이 훨씬 더 다채로운 의미의 빛을 발할 것이다. 그것이 오늘의 문화적 삶에

시사하는 바가 더 클 것이기 때문이다.

그래서 우리를 이끄는 것은 역사적인 것이 아니라 문화적인 것이다. 우리를 이끄는 매혹의 장소는 문화적 장소, 달빛슈퍼와 같은 곳이다.

강진만 고니 떼와
강진만 갈대와 이웃사촌인
달빛슈퍼는 강진만의 사관이지
달빛이 주식이고
별빛이 간식인 달빛슈퍼는
고니 떼의 중얼거림도
갈대의 속삭임도
하나도 빠짐없이 머리에 기록하지
시베리아에서 돌아온
강진만 고니 떼가
갈대와 나누는 이야기를
달빛슈퍼는 속속들이 알고 있지
백련사 동백꽃 만나러 가는 이들도
귤동 마을 다산사경 만나러 가는 이들도
달빛슈퍼에게 눈도장 받아가지
사람들이 모두 다 잠든 밤에

가까이는 죽섬이 가우도가
달빛슈퍼에 와
툭시발로 달빛을 주거니 받거니 하다가
어깨동무하고 놀아가기도 하지
일어난 일들을 속속들이 알고 있지
달빛슈퍼는 강진만의 사관이지

– 「달빛슈퍼」

시인은 강진만 바닷가에 있는 작은 가게 이름이라고 알려준다. 시인은 이따금 달빛슈퍼에게 전화를 걸어 강진만 고니 떼들의 안부도 묻는다고 한다(「강진만 고니 떼」). 문화의 시대에는 다채로운 역사 기술이 가능하다. 어떤 역사는 사람들의 삶에만 국한되지 않는다. 고니떼의 중얼거림, 갈대의 속삭임도 하나의 역사로 기록이 가능하다. 그 역사를 기록하는 사관이 '달빛슈퍼' 라고 시인은 말한다. 그런데 사관인 '달빛슈퍼' 는 강진만의 역사를 언어로 기록하지 않는다.

'달빛슈퍼' 라는 말에는 언어의 양극단이 동시에 담겨 있다. 가장 시원적인 말이면서 가장 문화적인 말이기도 하다. 그래서 '달빛슈퍼' 는 언어의 가장 바깥 경계를 가리키고, 동시에 시원적인 상태, 에너지 상태의 이미지에 가까운 말이기도 하다. 이렇게 양 극단에 펼쳐져 있는 말의 품은 넉넉하다. 이 품안에서 소통은 굳이 언어에 의지하지 않아도 된다. 그저 바람결인 듯 안부를 묻는 것으로 충분하다.

4. 시, 시인, 시적 언어의 장소성

'神'은 인간이 닿고자 하는, 그래서 감히 입 밖으로 꺼내기도 힘든 절대 목표와 같다. 글을 쓰는 사람들은 한결같이 자신의 글이 '지고성'을 발현하기를 희망한다. 어떤 인간도 토를 달 수 없는 경전과 같은 글을 쓰고 싶어한다. 이러한 욕망이 낭만주의에서는 거꾸로 발현되기도 했다. 시인은 스스로가 섬기는 뮤즈(시신詩神)의 말씀을 전하는 펜을 자처했다. 시적 성취는 시인의 글쓰기에 있지 않고 그 시인이 모신 뮤즈가 누구인가에 따라 결정난다.

시의 역능 혹은 매혹을 믿는 사람들은 여전히 낭만적이다. 그러나 문화의 시대에 낭만성은 근대 이전의 낭만성이 아니라 근대 이후의 낭만성이라야 한다. 시인은 신의 노래를 받아 적는 사람이 더 이상 아니다. 이제 인간은 자신의 언어만을 알아들을 수 있다. 그런 인간에게 보내는 다른 '것' 들의 전언을 받아내는 역할이 시인에게 새로 주어졌다. 시인은 「백련사 어느 부도의 눈빛 전언」을 전하기도 하고 갈대들의 눈빛 전언으로 '방구쟁이' 이야기를 들려주기도 한다.

더불어 맘만 먹으면
발걸음 옮길 때마다
그러니까 아무 때나
방구를 낄 수 있는 기술을 가졌데

이 이야기는
남당포 사람들은 동네 우세시킨다고
다들 비밀로 하는 이야기지
남당포 갈대들의 눈빛 전언이라고

—「웃음엣소리 — 방구쟁이」

시인은 남당포 갈대들의 눈빛에서 방구쟁이 이야기의 전언을 읽고, 우리에게 들려준다. 시인의 눈은 부도와 갈대의 눈빛에서 이야기를 읽어낼 수 있을 뿐만 아니라 스스로 '새' 가 되어 동백꽃을 두고 다른 새들과 경쟁을 벌이기도 한다. 시인 스스로가 하나의 전언이 되는 것이다.

봄날
백련사 동백숲에 가면
동박새, 찌르레기, 직박구리가
내게 텃세 부린다

이 가지
저 가지 옮겨 다니며
쪽쪽 소리를 내는 나는
동백꽃똥구멍쪽쪽빠는새

나 없을 때는
지그들끼리 다투다가도
내가 나타나면
다들 한편이 된다

동백꽃똥구멍쪽쪽빠는새인 내가
식량을 축내면
얼마나 축낸다고
일제히 목청을 돋운다

– 「동백꽃똥구멍쪽쪽빠는새」

텃세가 교묘하게 텃새와 어울리는 전이를 독자들은 경험한다. 이 전이에 힘입어 '동백꽃똥구멍쪽쪽빠는 새' 는 희언을 넘어 진실성에 가닿는다. 난생 처음인 새가 탄생하는 순간이나. 특별한 새가 되어보는 경험, 아무리 꽃이라지만 똥구멍을 쪽쪽 빠는 경험을 하게 되는 새를 경험하는 것은 놀라운 것이 아닐 수 없다. 그 새를 기꺼이 자처함으로써 우리는 '백련사 동백숲' 의 일원이 될 수 있는 것이다.

언어는 대단한 힘을 가지고 있다. 만일 말이 없었다면 인간은 스스로의 욕망에 의해 오래 전, 파멸에 이르렀을지도 모를 일이다. 인간의 욕망이 그대로 세상에서 실현되려고 하면 그것은 거의 대부분 폭력을 수반하고, 엄청난 희생을 강요하게 된다. 반면에 언어를 통해 실현되면 만족도가 커지고, 희생 대신 웃음꽃이 핀다. 가령 「조산兆山」이 그렇다.

이미 있는 산 이름을
개명한 것이 아니라
인공산을 쌓은 뒤,
조산이라 이름을 지었다지

만덕산,

천불산,

억불산에

기죽지 않으려

병마절도사의

위신과 체면을

저 낮은 산이

이름만으로 지켜주었지

—「조산兆山」 중에서

천天, 만萬, 억億이라는 이름을 단 산에 기죽지 않으려 이들보다 높은 산을 쌓겠다고 마음먹었다면 어떤 결과를 낳았을까. 혹은 주위의 다른 산의 이름을 바꾸어서 '조산'이라고 했다면 얼마나 씁쓸했을까. 아주 낮은 산을 시늉으로만 쌓고 거기에 떡하고 '조산兆山'이라고 붙이고 넉넉해 할 줄 아는 것이 '해학諧謔'이 지닌 역능이며, 언어가 발휘하는 해방의 힘이 아니겠는가.

강진의 다산통,

청광한문학원의 바통을 받을 이가

누군인가 했더니
중앙자동차 공업사여야
뭔 증거로 그런 소릴 하느냐
증거를 대 봐라 하면
증거를 댈 수 있지
청광한문학원 그림자처럼 수행한 이가
중앙자동차 공업사인 건 말할 것 없고
사학징의 찾아내느라 국회도서관 다 뒤졌지
황사영의 아내 정난주의 무덤까지
황사영의 아들 황경한의 무덤까지
발품 판 것은 말할 것도 없고
조선 식자들의 동경의 대상인
중국 북경 유리창 거리까지 정복했지
자동차수리나 할 일이지
뭔 짓이냐 비아냥거리겠지만
인생도처유상수人生到處有上手 가슴에 새기고
삶의 문제 풀려고
애쓴 것 보면 보통 사람 아니지
강진의 다산통, 창광한문학원의
바통 받을 자격이
중앙자동차 공업사에게 있는 게

분명하지,

이만하면

—「웃음엣소리 — 중앙자동차 공업사」

어릴 적 놀 때 불렀던 노래 중에는 원숭이 빨간 엉덩이가 사과를 거쳐 백두산까지 순식간에 미끄러져 갔던 것이 있다. 나는 이것을 환유의 노래라고 부르게 되었는데 지금도 흥얼거리다 보면 그 엄청난 속도에 탄성이 절로 나온다. 다산 정약용과 '통通'하는 이가 '한문학원'이라면 이는 은유라고 할 만하다.

그런데 여기에서 '공업사'로 건너뛰는 것은 은유가 아니라 환유다. 이것은 독자를 살짝 당황하게 만든다. 그런데 그 뒤이은 이야기를 들어보면 단순하게 미끄러지는 것은 아니다. 은유와 환유가 섞여 있다. 즉 한문학원에서 공업사로 옮겨가는 것은 기의적인 측면에서는 은유겠으나, 기표적인 측면에서 환유가 분명하다. 문화의 시대에 필요한 언어가 바로 '은유와 환유'가 복합적으로 드러나는 언어이다. 그래야 동시에, 다방면에서 의미의 빛을 발할 수 있다.

5. 문화시대의 서정시

현대인의 삶의 뿌리는 대지에 닿아 있지 않다. 햇살과 바람, 홍수와 가뭄, 무더위와 한파와 같은 것들은 그들의 희로애락에 더 이상 관여할 수 없다. 자동차와 컴퓨터, 영화와 드라마, 컴퓨터와 스마트폰과 같은 문명의 이기들이 그들의, 우리들 삶의 가치를 쥐락펴락하고 있다.

문명을 제2의 자연이라고 칭하는 이들이 늘고 있다. 제1의 자연과 제2의 자연을 모두 포괄하게 된 말이 문화다. 모든 것이 된 문화는 후기산업자본주의 사회를 거치면서 산업과 한 몸이 되었다. 자본은 문화를 타고 삶의 근저에서부터 지향점까지, 모든 영역을 장악해 버렸다.

'돈이 되느냐, 안 되느냐?', '일자리를 창출할 수 있느냐, 없느냐?'. 이따위 물음들이 문화의 가치를 판단하는 절대 기준이 되어 버렸다. 예술이 문화를 알은 체하는 것이 부자연스럽게 되어 버린 지경이다.

우리에게 직접 주어지는 예술은 회화와 음악이 대표적이다. 반면 문학은 글자에서 이미지를 재구성해야 하는 간접성의 예술이다. 문학 중에서도 예술성의 강도와 밀도가 가장 짙은 것은 서정시이다.

저잣거리에서 말은 생활의 수단이다. 언어가 수단이

아니라 최종 목적이 되는 장소는 서정시이다. 오랫동안 서정시는 스스로 목적임을 자부해 왔다. 언어 예술의 '종결자'를 자처해 왔다. 스스로 다른 것의 부분이 된다든지, 수단이 된다든지 하는 것은 애써 외면해 왔다.

그러나 모든 것이 된 문화의 시대에 기존의 입장만을 견지한다면 대중들과 공감할 수 있는 서정시는 더 이상 없을지도 모른다. 고도의 서정성을 발현하는 시와, 스스로 문화 산업의 일부가 되어버린 상품으로서의 문학이 공존하는 시대이다. 그 벌어진 사이에서 가교로서의 역할을 할 수 있는 시가 절실하다. 그래야 대중들은 상품에서 작품까지를 오가며, 그 지향의 폭을 넓힐 수 있을 것이다. 『조롱박꽃 핀 동문매반가』가 서정시에 주어진 새로운 임무를 모색하고, 실천하려는 이들에게 더없이 소중한 이유이다.

김재석 시인

1955년 전남 강진에서 태어나 1982년 전남대학교 영문과를 졸업하고 2002년 목포대학교 국문과 박사과정을 수료했다. 1990년 『세계의 문학』에 시로 등단했으며 2008년 유심신인문학상 시조부문(필명 김해인)에 당선했다. 시집으로 『까마귀』, 『샤롯데모텔에서 달과 자고 싶다』, 『기념사진』, 『헤밍웨이』, 『달에게 보내는 연서』, 『목포자연사박물관』, 『백련사 앞마당의 백일홍을』, 『강진』, 번역서로 『즐거운 생태학 교실』, 시조집으로 『내 마음의 적소, 동암』, 『이화』, 『별들의 사원』, 『별들을 호린다고 저 달을 참수하면』, 『고장난 뻐꾸기』, 『큰개불알풀』, 『다산』, 『만경루에 기대어』가 있다. 현재 목포 마리아회 고등학교 영어교사로 삼십 년 간의 교직 생활을 마치고 전업시인으로 활동하고 있다.

e-mail | crow4u@hanmail.net

조롱박꽃 핀 동문매반가

초판1쇄 찍은 날 | 2012년 5월 25일
초판1쇄 펴낸 날 | 2012년 6월 1일

지은이 | 김재석
펴낸이 | 송광룡
펴낸곳 | 문학들
등록 | 2005년 8월 24일 제2005 1-2호
주소 | 501-190 광주광역시 동구 학동 81-29번지 2층
전화 | 062-651-6968
팩스 | 062-651-9690
전자우편 | munhakdle@hanmail.net

ISBN 978-89-92680-59-2 03810

· 이 책은 강진군의 보조금을 받았습니다.
· 사진 자료는 강진군청으로부터 제공 받았습니다.